JUNIOR ZAPATA

ELVIS, PITÁGORAS Y LA HISTORIA DE DIOS

EL ARTE Y LA CIENCIA COMO AMIGOS DE LA FE

La misión de Editorial Vida es ser la compañía líder en satisfacer las necesidades de las personas con recursos cuyo contenido glorifique al Señor Jesucristo y promueva principios bíblicos.

ELVIS, PITÁGORAS Y LA HISTORIA DE DIOS
Edición en español publicada por
Editorial Vida, 2013
Miami, Florida

© 2013 por Junior Zapata

Edición: *Madeline Diaz*
Diseño interior: *CREATOR studio.net*

RESERVADOS TODOS LOS DERECHOS. A MENOS QUE SE INDIQUE LO CONTRARIO, EL TEXTO BÍBLICO SE TOMÓ DE LA SANTA BIBLIA NUEVA VERSIÓN INTERNACIONAL. © 1999 POR BÍBLICA INTERNACIONAL.

Esta publicación no podrá ser reproducida, grabada o transmitida de manera completa o parcial, en ningún formato o a través de ninguna forma electrónica, fotocopia u otro medio, excepto como citas breves, sin el consentimiento previo del publicador.

ISBN: 978-0-8297-6181-8

CATEGORÍA: Ministerio Cristiano/Juventud
                      Christian Ministry/Youth

IMPRESO EN ESTADOS UNIDOS DE AMÉRICA
PRINTED IN THE UNITED STATES OF AMERICA

13 14 15 16 17 RRD 6 5 4 3 2 1

Dedicatoria

A Dios
Gracias por darnos el arte para ventilar nuestras frustraciones, expresarte cómo te amamos y decirles a otros lo que sentimos por ti.

Gracias por darnos la ciencia a fin de saber cómo funciona lo que creaste para nosotros.

Dedico este libro a las voces que sienten que han clamado solas en el desierto y a todos aquellos a los que se les ha dicho que Dios no está en el arte y la ciencia. Él sí está allí, y se mantiene esperando.

A todos los que han soñado con cambiar el mundo a través del arte y la ciencia... ¡¿Qué esperan?!

Prólogo

Este no es un libro acerca de cómo conquistar las artes y las ciencias para Cristo, sino por el contrario, este libro es para dejarse conquistar por Cristo a través de las artes y las ciencias. Es para dejarse seducir, sobornar, embelesar y sorprender por ese Dios que siempre estuvo en la historia humana como un niño jugando a las escondidas esperando ser atrapado y haciendo ruidos en su escondite porque no podía soportar la idea de no ser encontrado cuanto antes.

Dios nunca estuvo ausente. Nada nunca existió, existe o existirá sin el guiño de su consentimiento y por eso siempre ha estado eternamente presente en la historia humana. Sin Dios no habría escenario, guión, protagonistas ni narradores, y por eso Copérnico, Kepler, Galileo y Locke no solo fueron guiados por su insatisfacción científica, sino por el gran artista que amalgamó esos elementos en esta polifónica y polinómica ópera llamada la historia humana.

En estas páginas Junior Zapata nos trae a la vida una reflexión que todos en algún momento nos hemos sentido tentados a hacer, pero que según la santa tradición de los guardianes del orden no muchos nos hemos animado a explorar, y es por qué hay belleza, erudición y progreso en esos ámbitos que llamamos seculares y a veces tanta oscuridad, indiferencia e ignorancia en los de aquellos que creemos conocer la luz, la vida y el camino.

Yo agradezco a Junior por este trabajo. Por hacer la pausa y el esfuerzo para adentrarse en estos bosques a buscar qué hay del otro lado. Por dejarnos ver e ilustrarnos acerca de este Dios presente e inmediato que nunca se dejó gobernar por los concilios eclesiásticos ni se limitó a amoldarse a la arquitectura de nuestros templos. *Elvis, Pitágoras y la historia de Dios* es un libro que merece ser leído con detenimiento. Escrupulosamente, con una mente despejada y un corazón amplio. En sus letras se conjugan la subjetividad del arte y la objetividad de la ciencia con el único sujeto que también es verbo eterno y que será siempre predicado por cristianos y no cristianos sin importar si es a voluntad o sin la sospecha de que al fin al cabo, todo sucede por y para Él.

Dr. Lucas Leys
Escritor y aprendiz

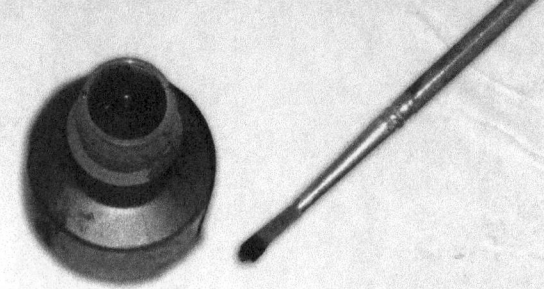

Contenido

Introducción...9

Parte 1: El pasado..17

Parte 2: La historia..37

Parte 3: La ciencia...71

Parte 4: El arte...127

Parte 5: El futuro...185

Notas..215

Bibliografía...216

Introducción

Cuando Bono, el cantante líder de la banda U2, se encontraba en su búsqueda para erradicar la deuda de los países tercermundistas, llegaba a las organizaciones mundiales de ayuda y preguntaba: «¿Quién es Elvis aquí?».

Bono estaba buscando a personas que desafiaran lo establecido, que creativamente rompieran rocas tradicionales para abrir nuevos caminos. Buscaba quién era el gran personaje que podría ser un catalizador y reformador de la historia.

Si nosotros preguntáramos lo mismo, pero enfocándonos en la humanidad. Si examináramos la historia de la raza humana y preguntáramos: «¿Quién es "Elvis" aquí?», encontraríamos que aquellos grandes personajes que abrieron nuevos caminos de un modo creativo, esos valientes catalizadores que introdujeron a la humanidad a nuevas y maravillosas eras de expresión y descubrimiento, fueron en su mayoría artistas y científicos.

Fácilmente descubriríamos que los grandes cambios sociales no fueron gestados por políticos famosos y fanfarrones, no fueron engendrados por religiosos enamorados de su ego, sino que los hitos en la humilde historia de nuestra humanidad fueron en un inicio soñados en una mente creativa y científica.

Muchos de estos personajes tenían una profunda fe en Dios, otros no, pero ciertamente todos fueron usados por la delicada y fuerte mano de Dios a fin de escribir nuestra historia. Un científico o artista no tiene que ser «cristiano» para que Dios lo use, ni precisa tener como objetivo adorar a Dios a fin de producir algo que tenga gran significado para la humanidad y Dios.

Este libro es acerca de eso. Trata sobre cómo Dios se ha mostrado a través del arte, incluso de artistas que no son creyentes, y por medio de la ciencia, con descubrimientos que a simple vista parecieran contradecir las Sagradas Escrituras.

Este libro no es acerca de «cómo conquistar las artes para Cristo» ni nada similar. No creo en el «arte cristiano» como tal, ni opino que deben haber «artistas cristianos», aunque el término se use porque es lo que entendemos. Pienso que debe haber cristianos en el mundo del arte, porque es lo que deduzco del mandato de Dios en el Sermón del Monte en cuanto a que somos luz y sal en el mundo.

Este tampoco es un libro científico, no es un libro para ingresar al eterno debate del creacionismo frente a la evolución; ni para decidir si la Tierra es un planeta joven (de aproximadamente seis mil años) creado literal y físicamente por Dios, o un planeta antiguo (cuatro mil quinientos millones de años) y formado por el desarrollo «natural» de las galaxias y la expansión del universo. El asunto aquí es que sabemos y estamos convencidos de que Dios «creó», y eso es lo que describe la ciencia y el arte. Si te subscribes a la evolución teísta o a la teoría del creacionismo del Diseño Inteligente, eso es tu decisión; sin embargo, las dos teorías —o si hubiera una tercera, la cual tal vez emergerá pronto— necesitarán de científicos brillantes, creyentes en el Dios creador de Génesis, para investigar, ser diligentes en el estudio, mostrarse rigurosos en las pruebas, y defender su postura de una forma profesional e íntegra.

El cristianismo fue el gran precursor de la ciencia y el gran patrocinador del arte en los últimos cuatrocientos años, pero pareciera que nos hemos convertido en sus peores enemigos. Y en los últimos cincuenta años hemos llevado esa batalla al púlpito haciéndola personal, predicando contra el artista y el científico. Hemos buscado la forma de invalidar a la ciencia y el arte haciéndolos inferiores a la fe, ignorando que Dios está presente en estos ámbitos y que muchas veces los mismos validan nuestra fe.

El cristianismo, en su infancia, como todo niño se apoyó en el arte. Al llegar a la adolescencia, le entró la curiosidad y empezó a investigar, convirtiéndose en su madurez en un gran impulsor de la ciencia y el arte. Más adelante, al llegar a nuestros días, pareciera que es un señor viejo y enojado con el mundo. Critica enfadado y envidioso al arte y al artista, y dispara sin apuntar a la ciencia y al científico.

Sin embargo, sus hijos son talentosos. Jóvenes inspirados para el arte y disciplinados para la ciencia, que encuentran en la Biblia una fuente que los acredita a ser artistas y los acredita a ser científicos. A salir al mundo con su arte y su ciencia a fin de brillar en la oscuridad.

Sí, la contribución del cristianismo a la humanidad ha sido profunda y poderosa. Desde sus humildes comienzos, la iglesia cristiana influyó positivamente en todas las áreas de la vida del hombre. Al mismo tiempo, la iglesia, compuesta por seres humanos, ha cometido también graves errores. No obstante, Dios nunca se equivoca, de modo que no podemos juzgar a Dios por las personas que usa.

¡En este libro intento inútilmente defender a Dios! Al final, creo que estoy tratando de presentar una apologética de la ciencia y el arte, pero a la iglesia.

Intento recordar que el Reino de Dios se extiende más allá de nuestras iglesias y nuestros ministerios e incluye al arte y la ciencia. Nosotros, los seguidores de Jesús, tenemos la gran responsabilidad de cumplir con el espíritu creativo que se nos ha dado y de investigar los cielos, obra de las manos de Dios.

El cristianismo es la única fe centrada en la demanda de creer en un suceso histórico que sirvió como plataforma para los más grandes movimientos del arte y los más importantes descubrimientos científicos. Y esta es una demanda como ninguna y que puede parecer inconcebible. Se trata del informe histórico de hombres y mujeres que sufrieron el fracaso devastador de la muerte de su amado Maestro y en poco tiempo contaban la historia extraordinaria de verlo regresar a la vida una vez más. Estos seguidores estuvieron dispuestos a sufrir encarcelamientos, torturas y hasta la muerte antes de negar esa experiencia.

Todos habían seguido tan de cerca a su Maestro, que sus pies, manos y rostros, así como sus ropas, estaban llenos del polvo que el Rabino levantaba al caminar, lo cual al parecer fue suficiente para llevarlos a hacer cosas tan extraordinarias que cambiarían la historia. El fuego de esa fe nos ha alcanzado hasta hoy en día. Al igual que ellos, debemos seguir tan de cerca al Maestro, que el polvo que levanta al caminar se nos adhiera, lo cual será suficiente para hacer cosas extraordinarias en el arte y la ciencia a fin de también cambiar la historia.

La visión cristiana de la realidad es verdad. Eso no nos debe enorgullecer, al contrario, debemos ser humildes, ya que reconocemos con claridad la realidad que Dios hizo y sabemos de su misericordia y gracia hacia nosotros.

Debido a esta visión de la realidad es que científicos y artistas a través de la historia han sido la voz de Dios por medio de actos de compasión, maravillosas obras de arte y grandes descubrimientos científicos. Sin embargo, cuando los cristianos se han recluido dentro de las cuatro paredes de la iglesia o se han mantenido solo con la nariz metida en la Biblia, Dios ha hablado de otras formas: a través de personas que no creen en él, de eventos históricos, e incluso por medio de la persecución de su misma iglesia. Dios no se ha quedado callado. Aun cuando sus hijos han permanecido en silencio, la voz de Dios puede ser claramente escuchada a través de la historia de la humanidad: en cada obra de arte y cada descubrimiento científico.

Dios habla en el silencio. Cuando los cristianos han callado en la cultura, como muchos lo han hecho en los últimos cincuenta años, Dios habla en ese silencio. Cuando lo quieren callar, Dios habla en la nulidad de los que intentan silenciarlo. En medio de la perturbación sexual y la relatividad moral, en medio de la destrucción personal por las drogas y los vacíos existenciales, Dios encuentra formas de conversar con la humanidad por medio de la mano del artista y el libro de la naturaleza.

Está claro que el cristianismo no es la aspirina que quita todos los dolores de cabeza de todas las sociedades, porque las sociedades tienen libre albedrío y deben decidir qué camino seguir. Por otro lado, hay que ser honestos y reconocer que los cristianos y el cristianismo muchas veces son dos cosas diferentes.

Muchos cristianos a través de la historia no han sido consecuentes con lo que el cristianismo cree. Tal vez los detractores del cristianismo y aquellos que odian nuestra fe tengan razón al decir que los cristianos han hecho mucho daño. Sin embargo, no pueden refutar lo histórico y los hechos; que el cristianismo ha contribuido más al bien de la sociedad que cualquier otra filosofía, religión, fe o estructura de creencia.

Hasta el siglo dieciocho, históricamente nadie había contribuido más a la ciencia y el arte que el cristianismo, pero eso ha cambiado. Las corrientes à la Romanos 1 han sido muy fuertes y ganaron el terreno de la influencia cultural. Y lo ganaron no porque sean más poderosas que la iglesia, sino porque la iglesia se retiró del terreno y alguien más lo ocupó.

Dejamos de enseñar que el hombre de ciencia y el artista también podían servir a Dios como tales. Entonces, como solo dentro de la iglesia se podía «servir a Dios», lo que quedaba afuera de la iglesia quedó expuesto.

Los conceptos bíblicos de la Reforma Protestante influyeron en el arte y la ciencia por doscientos años, de la misma forma que los conceptos del ser humano sin necesidad de Dios influyeron en la ciencia y el arte durante los siguientes siglos. El mundo de las ideas resulta muy importante, por eso Dios llama a los cristianos a estar presentes en ese mundo y servirle ahí con el mismo fervor y compromiso que se sirve en la iglesia. Tanto la iglesia como la ciencia y el arte forman parte del Reino.

Por el lado de la ciencia, Johannes Kepler, tal vez el astrónomo más importante que ha vivido, le escribió a uno sus profesores:

«Yo quería ser un teólogo, y por mucho tiempo estuve intranquilo. Pero ahora, más que nunca, observo cómo a través de mi esfuerzo Dios está siendo celebrado en la astronomía». Otros grandes científicos como Galileo, Newton y Bacon sostenían también que no había separación entre lo espiritual, las artes y la ciencia. Por el lado del arte, la próxima vez que escuches una canción del artista más famoso del momento, recuerda que es a un teólogo francés a quien todas estas «estrellas» le deben la posibilidad de entonar sus instrumentos. Si no fuera por Marin Mersenne (también matemático), el sistema de escalas para tocar los instrumentos musicales hoy no existiría. Un siervo de Dios, sirviendo en la cultura.

Así que de eso se trata este libro, de que Dios puede ser celebrado en el arte y la ciencia, aunque algunos en la iglesia no entiendan por completo estas esferas del conocimiento. De que no hay separación entre lo espiritual, las artes y la ciencia. De que el hombre y la mujer de fe pueden ser grandes artistas y científicos en el mundo, y servir a Dios ahí, pues es al mundo a donde Jesucristo los envió.

El Dr. Lucas Leys suele decir que «Dios no es patrimonio de los evangélicos», una declaración que asombra a muchos y enoja a otros. No obstante, es la verdad. Dios es el Dios del universo, no solo del cristianismo, y él ha estado involucrado en el arte y la ciencia tanto del hombre de fe como del ateo.

Dios no solo es el Dios de la iglesia y los cristianos. Es el Dios de las moléculas. El Dios de los átomos. El Dios de los quarks. El Dios del óleo y las notas musicales. El Dios de los elementos que el artista usa para su expresión y el científico emplea en su experimentación.

Dios es el Dios de lo que se ha descubierto y lo que queda por descubrirse. Es el Dios de las obras de arte más sublimes de la historia y las obras que aún los artistas no han creado.

Dios no solo es glorificado en la alabanza y la adoración. Dios no solo es honrado con los diezmos y ofrendas. Dios no solo es servido en la iglesia y los ministerios.

Dios también es glorificado en la obra del artista que mueve el corazón de la humanidad a pensar en él. Es honrado en la articulación de nuevas teorías científicas y el descubrimiento de cosas maravillosas que antes no sabíamos que existían. Es servido por artistas en el estudio de pintura, el escenario de la exhibición, la producción de la función y la expresión pública. Es servido en el laboratorio de investigación, la pizarra de especulación y el Gran Colisionador de Hadrones.

Tenemos que sacar a Dios de nuestro tubo de ensayo, lo tenemos que desdibujar del lienzo donde lo hemos pintado, porque es obvio que él es mucho más de lo que imaginamos y ha hecho por la humanidad «no cristiana» más de lo que probablemente queremos saber.

Dios está más involucrado en el arte que los «artistas cristianos» y más interesado en la ciencia que los creacionistas.

Es obvio que la materia y la energía gritan para que se descubra en ellas la mano de un Creador que es todo un científico, porque su creación tiene complejidad y exactitud; y también todo un artista, porque su creación tiene significado y hermosura.

Al final, resulta maravilloso. Somos criaturas sorprendentes. Podemos imaginar el futuro y podemos recordar el pasado. Podemos convertir la uva en vino y el poema en canción.

Podemos darle nombre al microbio más pequeño y a la galaxia más lejana.

Podemos ser artistas y podemos ser científicos.

Podemos ser como Pitágoras y podemos ser como Elvis.

Y si buscamos bien, en cada obra de arte y cada descubrimiento de la ciencia, podemos encontrar la firma de Dios.

PARTE 1

EL PASADO

Dios ha hablado desde el principio.

La voz produce ondas sonoras que básicamente son energía en movimiento, y por medio de esta energía Dios creó el universo. A través de la belleza y la estructura de la materia, así como de la energía del universo, Dios comenzó una conversación mucho antes de que existiera la humanidad. Todo lo relacionado con la estética y la materia-energía forma parte del vocabulario preferido de Dios.

En Génesis 1 encontramos por lo menos diez veces la frase: «Y dijo Dios». Dios habla, se revela en la historia del universo y la humanidad.

La narrativa bíblica de Génesis nos proporciona la crónica del progreso positivo de la cultura humana. Nos cuenta cómo la agricultura proviene de Jabal, y explica cómo la expresión artística comienza con Jubal. Además, nos habla de Tubal Caín, probablemente el padre de la industria y la tecnología, y si estudias las fechas, te darás cuenta de que en verdad él fue el precursor de la era de bronce.

La Biblia nos enseña desde el principio que la cultura humana no es algo «malo». De modo que no tenemos por qué inferir que los hijos de Dios no deben buscar producir obras de gran valor. A partir del texto bíblico y la historia de la humanidad, vemos claramente que producir obras de arte y desarrollar la industria son dones que Dios le ha concedido al ser humano.

Si algo nos dicen los primeros capítulos de la Biblia, es que el mundo entero se ha beneficiado de la agricultura, se ha favorecido con las artes, y ciertamente ha necesitado de la tecnología, la cual se deriva de la ciencia.

La agricultura básicamente manipula la naturaleza con la tecnología apropiada. La naturaleza es creación de Dios, y la tecnología se desarrolla a fin de resolver un problema. Aunque fuera de manera informal y aunque en los principios de la civilización se haya dado empíricamente, primero el problema estaba presente, y luego se buscaron alternativas hasta llegar a una respuesta. Ese es el uso de la ciencia en su forma más básica.

Este desarrollo fue posible porque aun el hombre pecador posee la imagen de Dios, la cual le permite pensar, crear, crecer, desarrollar, experimentar, soñar, inventar y explorar nuevos territorios.

Los hijos de Dios debemos estar agradecidos por los hombres y mujeres que incluso no siendo «cristianos» inventaron, desarrollaron y descubrieron muchas cosas que hoy pasamos por alto. Estos individuos, aun que no creían en Dios, debido a que fueron creados a la imagen divina tuvieron la capacidad de contribuir al desarrollo de la humanidad.

En Génesis 4, la Biblia nos describe los pilares de la civilización. Jabal fue el precursor de la ganadería y la agricultura. Debido a que lidiaba con animales, algunos antropólogos sugieren que también fue el padre de la industria textil. Él poseía ovejas, cabras y otros animales «peludos» que lo llevaron a desarrollar tejidos.

Otros historiadores aducen que el hecho de que haya sido «el antepasado de los que viven en tiendas de campaña y crían ganado» (Génesis 4:20) indica que Jabal fue el padre del comercio. Génesis 4:2 solo afirma que Abel cuidaba ovejas. Sin embargo, de Jabal se dice que vivía en tiendas de campaña, lo cual probablemente indicaba un movimiento geográfico. La Biblia nos muestra el progreso de la civilización al describirnos la diferencia del estilo de vida entre Abel y Jabal. Abel solo cuidaba ovejas. Jabal ya vivía en tiendas de campaña y cuidaba ganado, infiriéndose que tenía a su cargo más que solo ovejas.

La Biblia no solo indica que la agricultura y el comercio son importantes, sino que también, al describirnos el nacimiento de las artes, muestra que estas son parte integral de la civilización.

Jubal, según las Escrituras, «fue el antepasado de los que tocan el arpa y la flauta» (Génesis 4:21). La expresión artística musical nace en las manos de Jubal, y es obvio que resulta importante para Dios, ya que era importante para la civilización. El arpa es un instrumento de cuerdas con cuerpo de madera, el mismo que se describe en las manos de David cuando tocaba para Saúl. La flauta, creen los antropólogos, era muy sencilla. Estaba hecha de una caña, probablemente similar al bambú.

No hay arte si no hay creatividad. Y Jubal no iba a la tienda de música a comprar estos instrumentos. Él, habiendo sido hecho a la imagen de Dios, poseía creatividad artística no solo para tocar los instrumentos, sino para inventarlos, algo que requería imaginación, diseño y fabricación manual.

La creatividad, dada por Dios al hombre, se describe entonces como algo que fue necesario para el desarrollo de la civilización. Jubal probablemente fue inspirado a practicar las artes por medio de su padre, Lamec, ya que a partir de Génesis 4:23 podemos deducir que Lamec era compositor, poeta, o ambas cosas. Es ahí donde tenemos el registro de la canción más antigua que se conoce. No se trata de una canción «cristiana» ni de alabanza, pero ciertamente es parte del importante acervo cultural de la humanidad.

> **LA CREATIVIDAD, DADA POR DIOS AL HOMBRE, SE DESCRIBE ENTONCES COMO ALGO QUE FUE NECESARIO PARA EL DESARROLLO DE LA CIVILIZACIÓN.**

De modo que si la creatividad y el arte fueron importantes en el pasado, ¿no será que continuarán siéndolo en el presente y el futuro?

Otro que contribuyó al desarrollo de la civilización fue Tubal Caín, quien era «herrero y forjador de toda clase de herramientas de bronce y de hierro» (Génesis 4:22). La Biblia nos sugiere que Tubal Caín, además de ser «herrero», era un artesano. La palabra que las Escrituras utilizan indica que se trataba de un «artífice». Esto es porque el bronce se usaba más para producir obras estéticas que herramientas. Existían herramientas hechas de bronce, pero no tantas como de hierro.

Así que otro pilar de la civilización fue el desarrollo de la herrería y la metalurgia. Sin embargo, con estas actividades entraron en juego otras disciplinas. Por ejemplo, si Tubal Caín trabajó el bronce, tuvo que haber desarrollado algo de minería. Si trabajó el hierro, precisó conocer acerca de la temperatura, el estado del metal, el enfriamiento de la pieza y cómo manejar de manera eficiente el fuego. Tubal Caín tuvo que desarrollar la tecnología; herramientas apropiadas para manipular el hierro fundido, así como procesos para buscar, transportar y moldear el bronce, entre otras cosas.

Nuestro pasado es maravilloso. La Biblia nos muestra un pasado ingenioso e inventivo, necesario para que se dieran las condiciones del desarrollo social. Jabal es el precursor de la agricultura, Jubal de las artes, y Tubal Caín de la industria y la tecnología.

Permíteme recordarte que Jabal, Jubal y Tubal Caín provenían de una familia que no era «cristiana». Y no solo eso, eran descendientes (seis generaciones posteriores) del asesino más famoso de la historia, Caín.

Sí, fue a los hijos de Caín a los que Dios usó para construir la civilización humana. Desde la infancia de nuestras sociedades, Dios hablaba con la humanidad. Y no intervino solo con los que «creían en él», sino hasta con aquellos que le dieron la espalda.

Nuestra lógica cristiana contemporánea nos dice que Dios debía haber escogido los pilares de la civilización del «linaje real», de entre aquellos que lo sabían «adorar» y «lo honraban». Sin embargo, Dios tiene razones y propósitos que sobrepasan nuestros juicios y tradiciones. Las contribuciones a la civilización son hechas por personas capaces, no necesariamente «creyentes».

¡Cuán maravilloso es nuestro Dios! Desde la infancia de nuestra sociedad él se muestra misericordioso y amoroso. El hecho de haber permitido el avance agrícola, comercial, artístico, industrial y tecnológico por medio de los hijos de aquel que mató a su hermano (la mitad de la población mundial) nos da una gran lección en cuanto a con qué ojos debemos ver a la sociedad que nos rodea.

El pasado está lleno de historias fascinantes acerca de cómo Dios habló con la cultura, unas veces a través de sus hijos más comprometidos y otras por medio de los más rebeldes, pero siempre habló. Resulta interesante que Dios desde la creación haya usado el arte y la ciencia como medios para conversar con la humanidad. Según mi punto de vista, el arte ha constituido la forma en que la humanidad busca tocar el mundo espiritual de Dios, mientras que la ciencia es el modo en que Dios busca tocar el mundo material del hombre.

Resulta muy probable que el arte y la ciencia hayan sido el desafío más grande que el cristianismo ha enfrentado y seguirá enfrentando, no porque sean contrarios a la verdad, sino porque constantemente cuestionan si lo que el cristianismo afirma es cierto. Además, el arte y la ciencia desafían no solo al cristianismo, sino a cualquier pensamiento ortodoxo del día que intente crear una plataforma para una nueva expresión o un nuevo descubrimiento. Muchas veces como cristianos pensamos que porque algo resulta «nuevo» debe estar equivocado, que debido a que cuestiona lo ortodoxo es malo. No obstante, en ocasiones esa ortodoxia está equivocada, aunque muchas veces no sea así. En ocasiones la interpretación del artista está equivocada, otras veces no.

Si algo nos enseña el pasado es a ser humildes, ya que al estudiarlo uno ve claramente que Dios excede nuestras ideas de cómo creemos que él debería haberle hablado a la humanidad.

Dios no es occidental. Dios no es un teólogo alemán ni estadounidense. Tampoco piensa como los cristianos en Latinoamérica lo hacemos.

Dios no solo habla español, si quieres considerarlo así, sino habla todos los idiomas. Dios se goza de todas las culturas y civilizaciones; a muchas les ha perdonado más, pero igual que a la nuestra, a todas les ha mostrado su infinita misericordia. Se complace en muchas de nuestras costumbres eclesiásticas, pero estas no son las únicas que han existido ni las únicas en las que él se agrada.

Las creencias del cristianismo, nuestra fe, no constituyen una cosmovisión de occidente. En las fibras culturales más profundas de todas las civilizaciones existe una necesidad, un hambre por conocer al único Dios, creador del universo y dador de la moral.

Por ejemplo, la cultura china es una de las más antiguas y duraderas. Posee cuatro mil quinientos años de historia ininterrumpida, resultando tan antigua como la civilización judía. Y hubo muchos emperadores en la China antigua que eran adoradores del Dios creador del universo.

El taoísmo, que significa «enseñanza del camino», aparece en China aproximadamente en el año 6 a. C. La palabra «tao» proviene de «dao», que quiere decir camino, vía o sendero.

El confucianismo nace en el año 5 a. C. y es básicamente una agrupación de las leyes morales enseñadas por Confucio.

El budismo surge también en el año 5 a. C. en la India. Si te gusta lo complicado, deberías estudiar esta cosmovisión, ya que es altamente influyente en el mundo y bastante compleja, resultando muy interesante compararla con el cristianismo. Las diferencias te sorprenderán.

El hecho de que el taoísmo, el confucianismo y el budismo hayan surgido entre los años 6 y 5 a. C. no es casualidad. Estas tres cosmovisiones comparten elementos relacionados con la moral, la armonía y un respeto a la Creación muy profundo. El ser humano no puede «crear el conocimiento», todo lo que sabemos es producto de algo que aprendimos antes. El Gran Dador de la moral ha intervenido en la historia de la humanidad, en toda la historia, no solo en la de nuestra iglesia, y al hacerlo ha puesto «eternidad en el corazón» del ser humano (Eclesiastés 3:11, RVR-60). Esta «eternidad» implica el conocimiento de un ser Creador, único, moral y eterno. Es muy probable entonces que lo que observamos en cuanto a moral, armonía y respeto a la Creación en estas cosmovisiones y muchas otras de las civilizaciones milenarias tenga su origen en lo que Dios le habló a la humanidad en esas edades, de lo cual aún quedan vestigios. Esto no hace a todas las cosmovisiones iguales a la judeo-cristiana; no estoy hablando de sincretismo religioso ni de cristianismo ecléctico.

DIOS NO ES OCCIDENTAL. DIOS NO ES UN TEÓLOGO ALEMÁN NI ESTADOUNIDENSE. TAMPOCO PIENSA COMO LOS CRISTIANOS EN LATINOAMÉRICA LO HACEMOS.

Existen datos históricos muy claros que evidencian que antes de estas religiones, durante dos milenios, la cultura china adoraba a un Dios Supremo. Los chinos lo llamaban Shang Di, que significa «el rey que habita en lo más alto».

La Enciclopedia Británica define Shang Di como: «El Señor más alto [...] deidad china, el más antiguo Dios que controla la victoria en la batalla, la cosecha, el destino de la capital y el clima [...] Se le consideraba muy inescrutable como para ser influído por los mortales. Shang Di era considerado la Deidad única y suprema».

También lo llamaban «Tian», y para escribir su nombre el ideograma que usaban significa: «De todo lo que es grande, él es más grande». Muy parecido a los atributos de Elyon, el Altísimo.

Dios se mantuvo comunicándose en el pasado con las civilizaciones antiguas. De alguna manera intervino en la historia de los chinos y de toda civilización ancestral. Al centro de toda cultura siempre existe un altar al Dios no conocido. Si lo buscamos, lo encontraremos.

El emperador Qin Shi Huang fue el que unificó a China. Al consolidarla en el año 221 a. C., se autoproclamó el primer emperador y con él comenzaron casi dos mil años de gobierno imperial. Él fue algo así como un innovador de la economía y la política, construyendo la Gran Muralla China. La próxima vez que vayas a China, visita la Gran Muralla y escucha la fascinante historia de este emperador.

Qin Shi Huang no era un emperador «cristiano» —incluso el cristianismo no existía todavía— pero hay evidencias de que escuchaba a Dios, siendo sensible a la voz del Creador del universo.

Es fácil concluir que Dios le ha hablado a otras civilizaciones y que la historia es Su historia. Podemos confiar en que aun en las sociedades ancestrales, Dios no estuvo callado, sino que dejó su firma como estela en el cielo del pasado.

Antes de llegar a ser el famoso profeta, Daniel y muchos otros jóvenes de su generación fueron capturados en el 606 a. C. por el rey de Babilonia. Sin embargo, más de mil años antes de eso, el rey Hammurabi se había convertido en el primer monarca del Imperio Babilónico. Además de haber tenido un nombre simpático como sacado de un menú de Sushi y de origen amorreo, Hammurabi tuvo una agudeza única acerca de la ética y la moral. Parece que era un fanático de la organización social y un estudioso del comportamiento humano. Él promovió lo que probablemente fue el primer código social de vida en la historia de la humanidad.

El Código de Hammurabi consta de doscientas ochenta y dos leyes que servían para juzgar todo tipo de actividad y comportamiento. Estas «leyes» estaban talladas en una esquela de piedra negra que Hammurabi había levantado en el templo del dios de Babilonia. En la actualidad, la misma se encuentra en París, en el Museo del Louvre, en la división de Antigüedades del Oriente Medio.

Por varias razones algunos historiadores piensan que es probable que Hammurabi fuera el rey de Sinar mencionado en Génesis 14. Lo interesante con las leyes de Hammurabi y otros códigos legales ancestrales es que tienen una veta moral tan similar, que los antropólogos sociales señalan que solo hay dos explicaciones al fenómeno: hubo un código original y seminal que logró circular durante los primeros mil años de las civilizaciones, o los diferentes sabios y gobernantes llegaron a las mismas conclusiones al estudiar el comportamiento humano y examinar el espíritu del hombre. Cualquiera que sea su origen, hay una cuestión que se impone: Si se trató de un solo documento original, ¿cómo llegó ese «código» de absolutos a la persona que los escribió? Y si los códigos fueron generados por varias personas en diferentes tiempos y áreas geográficas, ¿cómo es posible que todos hayan llegado a los mismos «códigos básicos»?

Sin importar cuál sea la pregunta, creo que la respuesta es una: «[Dios] es quien da a todos la vida, el aliento y todas las cosas. De un solo hombre hizo todas las naciones para que habitaran toda la tierra; y determinó los períodos de su historia y las fronteras de sus territorios. Esto lo hizo Dios para que todos lo busquen y, aunque sea a tientas, lo encuentren. En verdad, él no está lejos de ninguno de nosotros, "puesto que en él vivimos, nos movemos y existimos"» (Hechos 17). En toda la historia de la humanidad, Dios siempre ha hablado y dado muestras de su mensaje y su amor por el ser humano. La moral solo puede ser dictada por el gran dador de la moral.

¿De veras crees que Dios no le habló de alguna forma a los mayas? ¿Y a los quechuas? ¿Acaso Dios no pudo haberle hablado a los nazca y los incas? Aunque algunos lingüistas (muy pocos) creen que hay vestigios de la lengua hebrea en la América precolombina, ¿será que Dios estaba limitado porque solo hablaba hebreo y no nahuatl, cherokee o el hermoso guaraní?

Dios ha hablado en el pasado, en verdad no ha permanecido callado; que no lo haya hecho a través de un «pastor» o un «profeta», como tradicionalmente lo escuchamos, es otra cosa. Por eso

PARTE I: EL PASADO

existe la enorme necesidad de historiadores y antropólogos, lingüistas y arqueólogos con una cosmovisión cristiana. Si Dios no ha estado callado a través de la historia de nuestra civilización occidental, ¿no crees que también estaría presente y hablándole a otras civilizaciones?

El profeta Daniel, en una de mis oraciones preferidas de la Biblia, habla de que Dios «pone y depone reyes». Es obvio que está hablando de líderes de naciones: presidentes, primeros ministros, emperadores, faraones, césares, caciques, jefes de tribus, sacerdotes mayas y aztecas, así como de otras personalidades. No se refiere solo a Saúl y David, ni está hablando solo de tu candidato preferido a la presidencia porque es cristiano y va a tu iglesia. Daniel, al orar, declaraba la soberanía de Dios, su autoridad sobre aquellos de los que se dice que «hacen historia», porque al final del día, sabemos que solo Dios hace la historia.

Ciertamente, Dios ha usado a sus hijos y profetas para preservar la civilización humana y permitir que la sociedad avance, en especial en el ámbito de la ciencia. Y creo que en ningún lugar esto es tan evidente como en el libro de Daniel.

Ya para el año 603 a. C., Babilonia era un centro intelectual y religioso de mucha influencia en el mundo conocido. Se trataba de una metrópolis llena de gente cosmopolita con influencias de muchas culturas y civilizaciones. Era la Nueva York de esa época.

Arqueólogos y antropólogos afirman que el arte en la Babilonia de los días de Daniel era el más grandioso que se había conocido hasta entonces. La arquitectura y el diseño no tenían rival. También la ciencia, aunque apenas constituía un retoño de conocimientos mezclados con misticismo y fantasía, contenía ya el «ADN» de lo que después sería la química, la astronomía y la matemática.

En ese año, 603 a. C., el rey de Babilonia, Nabucodonosor, tuvo un sueño que lo perturbó mucho. El monarca tenía acceso a los mejores alquimistas y astrólogos del mundo, de modo que los convocó para que interpretaran su sueño y poder seguir durmiendo en paz. Estos «sabios» eran los intelectuales y científicos de la época.

Para que no «inventaran» una interpretación del sueño, Nabucodonosor les dijo a los académicos y científicos que si ellos eran tan buenos en su materia, le tenían que decir no solo la interpretación, sino también en qué consistía el sueño.

Los «sabios» no tenían forma de saber cuál era el sueño del rey, de modo que le informaron que sin conocer el sueño no podían darle la interpretación.

El rey, un gobernante al fin que tenía cuidado de cómo se invertían los tesoros del palacio, se preguntó por qué daba entonces tanto oro para estos «sabios» si no podían adivinar el sueño. Enojado, ya sabes la historia, les dijo que si no cumplían con su demanda, los mataría a todos.

Daniel, que vivía con los demás científicos, alquimistas y astrólogos (ite imaginas a un profeta viviendo y comiendo con alquimistas y astrólogos!), preguntó a qué se debía el barullo y por qué todos estaban angustiados. Entonces le explicaron lo que Nabucodonosor había decretado y que todos iban a morir, incluyendo a Daniel y sus amigos.

> DIOS HA HABLADO EN EL PASADO, EN VERDAD NO HA PERMANECIDO CALLADO; QUE NO LO HAYA HECHO A TRAVÉS DE UN «PASTOR» O UN «PROFETA», COMO TRADICIONALMENTE LO ESCUCHAMOS, ES OTRA COSA.

Así que Daniel le mandó a decir al rey que no matara a nadie, que él podía ayudarlo con este asunto. Y con genuina sabiduría y diplomacia, Daniel interpretó el sueño —el cual constituye una cátedra en historia geopolítica— y nadie murió.

Esto es un dato histórico de mucha importancia para la humanidad y en especial para el mundo de la ciencia. Babilonia en esa época se encontraba en la cresta del desarrollo científico. De modo que si Dios no hubiera intervenido para que Daniel le hablara al rey, probablemente todo el avance de la alquimia, la astrología y la matemática se hubiera perdido para siempre, se habría ido a la tumba con los «sabios» que Nabucodonosor quería matar.

Creo que en la actualidad disponemos en gran parte de la química, la astronomía y la matemática, porque Dios usó a un joven diplomático, prudente y apto, que se hallaba en el palacio de un rey y que además escuchaba la voz de Dios, a fin de preservar la vida de los alquimistas y astrólogos de Babilonia.

Según la lógica cristiana contemporánea, pienso que nosotros hubiéramos pedido que Dios salvara a Daniel y sus amigos porque eran «cristianos», y que los blasfemos alquimistas y los astrólogos idólatras fueran destruidos. Sin embargo, Dios tenía otras cosas más importantes en mente que solo un juicio religioso: el avance de la civilización humana. Para Dios era importante la preservación del conocimiento que miles de años después sería utilizado a fin de desarrollar medicinas que salvarían millones de vidas y permitiría que el hombre supiera cómo funciona el universo.

¡Te imaginas, Daniel pidió que no mataran a los astrólogos! Una gran lección para nosotros hoy en día, no solo acerca de la gracia y la misericordia que debemos ejercer, sino sobre ser parte de un acontecimiento histórico que preserve un conocimiento vital para la humanidad.

La influencia positiva de la fe en Dios en el desarrollo de la civilización humana resulta indiscutible. En los tiempos precristianos, Dios habló de todo lo que se relaciona con el arte y la ciencia a través del talento y el intelecto humanos.

Los griegos, expertos en las bellas artes, sentaron las bases para que Mirón de Eleuteras esculpiera el Discóbolo en el 455 a. C.;

Miguel Ángel creara el David en el año 1504; y Auguste Rodin nos diera su Pensador en 1902. Interesantemente, las tres esculturas más reconocidas por la humanidad representan a un hombre. ¿Será que el ser humano estaba tratando de decir algo? ¿O podría ser que Dios estuviera tratando de comunicarle algo al hombre? Sea lo que fuere, es obvio que el arte desde épocas antiguas era importante para la humanidad. Dios nos dio ese lenguaje y lo ha usado.

Mucho tiempo antes que los griegos, nuestros antepasados usaban cuevas no solo para vivir, sino para plasmar su comunicación artística. Las cuevas fueron los primeros «templos» de la humanidad. No eran galerías de arte, sino templos donde se hacía uso del arte para dejar estampada la historia del pueblo.

Jean Clottes, uno de los prehistoriadores más respetados del mundo, es un francés obsesionado con el arte en las cuevas. Él ha descubierto que nuestros antepasados empleaban el arte como un pasadizo al mundo espiritual. Las paredes de las cuevas constituían sus lienzos. El arte para ellos era una forma de comunicarse, no con los futuros antropólogos, sino con lo sobrenatural que comprendía el mundo espiritual.

Pienso que eso es correcto. No soy antropólogo ni teólogo, pero sé lo suficiente de las dos ciencias para hacerme pasar por uno u otro durante una conversación informal en una fiesta. Creo que como humanos siempre nos hemos sentido atraídos al mundo espiritual, porque de ahí salimos. Cuando Adán y Eva fueron expulsados del Edén, se sintieron alienados, distantes del ambiente espiritual que reinaba en ese espacio. Desde entonces, nos hemos sentido alejados del mundo espiritual y al mismo tiempo atraídos a él, por eso siempre estamos buscando como colectivo una forma de tocar la frontera del ámbito espiritual, y hemos encontrado que el arte nos lo permite.

Dios designó al arte como una puerta a lo espiritual, y es como si él estuviera esperando a la humanidad del otro lado de esa puerta.

Resulta interesante que las más antiguas imágenes plasmadas en las cuevas de Gacca sean siluetas de manos: manos de niños, mujeres y hombres. Los antropólogos y los arqueólogos explican que estas se hicieron colocando la mano en la pared de la caverna (tocando la frontera de lo espiritual) y soplando (aliento) sobre ella pintura orgánica (¿te acuerdas de la historia de la creación?), dejando así definida y clara la silueta de una mano humana sobre la pared de la cueva. La humanidad tocando la entrada al mundo espiritual. Era como si intentaran fusionar la mano y lo que había «al otro lado» de la cueva, algo muy parecido a lo que hacemos hoy cuando decimos que adoramos, intentando fusionar por medio de la música nuestro corazón con el de Dios. Sí, el arte es un legado de Dios a la humanidad para tocar lo espiritual.

Además, el tema principal del arte en las civilizaciones antiguas no era la belleza del gobernante, no era la celebración de la vida, sino la muerte. Los antiguos perfeccionaron la confección y el diseño de los atuendos y edificios dedicados a las exequias de sus seres queridos. Se preocupaban tanto de la estética en el proceso de la muerte, el funeral y el entierro (o la cremación) porque la muerte es el último paso antes del «más allá». Aquí vemos otra vez al arte usado en la estética y el diseño como una herramienta para tocar el mundo espiritual.

El término «arte» no se encuentra en todas las culturas de la civilización humana, pero sí se pueden hallar manifestaciones del arte en todas las sociedades a través de la historia de la humanidad, y son muy pocos los casos en que el mismo no se usa en la búsqueda de lo espiritual.

Es obvio que no todos los artistas antiguos (ni los contemporáneos) eran adoradores de Dios. Algunos incluso han desafiado a Dios de frente. Entonces, ¿cómo me atrevo a decir que los artistas hacen algo que Dios desea al buscar lo espiritual? Porque al buscar lo espiritual están usando la creatividad a través de la inspiración, y la inspiración viene de Dios. En un sentido, todo proviene de Dios, lo «bueno» y lo «malo», todo.

La inspiración no es artificial, el hombre no la puede «llamar» a su antojo, porque no reside dentro de él, sino viene de «afuera», de una fuente superior. Y esa fuente superior es Dios. Podemos decir que estos artistas recibieron su inspiración de la naturaleza, y la naturaleza tiene la capacidad de inspirar porque así la hizo Dios.

Nuestro pasado está lleno de un arte maravilloso que despliega la capacidad del hombre para la estética. En épocas anteriores, el arte no se veía como uno de los compartimentos de la vida del hombre. Para los antiguos, el arte era algo integral de la vida diaria y una de las formas más utilizadas para adorar a Dios o a los dioses paganos.

Eso nos incomoda, ya que siempre surge la pregunta de que si algo se ha usado para adorar a los dioses paganos, ¿cómo es posible utilizarlo para adorar a Dios? Hay muchos ejemplos en la Biblia que contestan esta pregunta, y me gustaría pensar que aquellos que disponen de las Sagradas Escrituras buscarán sus respuestas en ellas por encima de los autores humanos.

> DIOS DESIGNÓ AL ARTE COMO UNA PUERTA A LO ESPIRITUAL, Y ES COMO SI ÉL ESTUVIERA ESPERANDO A LA HUMANIDAD DEL OTRO LADO DE ESA PUERTA.

Dios ha estado involucrado en el pasado, su voz resuena en el desarrollo de las civilizaciones, en el arte antiguo y en las primeras épocas de la ciencia.

Una de las formas de definir una cosmovisión es haciéndose la pregunta: «¿Qué asunto acerca de Dios se está incluyendo o excluyendo?».

En muchas circunstancias de nuestro pasado, Dios ha sido descartado. Esto nos da un mensaje de parte de Dios: podemos observar las consecuencias y medir el efecto que la separación de Dios tiene sobre las decisiones del hombre. ¡Aun en su ausencia, Dios habla! Y sí, aunque es cierto que históricamente se han cometido atrocidades en el nombre del «cristianismo», cualquier estudio objetivo de la historia arrojará que más genocidios y despojos han sido perpetrados por ateos y paganos que por los budistas, musulmanes y cristianos. San Agustín decía que matar y despojar en el nombre de Cristo era solo un uso nominal de Jesucristo y no obedecía a sus órdenes, porque Cristo no haría tales cosas.

Es terrible que a través de la historia haya habido cristianos que traicionando la moral de la fe que profesaban cometieron un sin fin de acciones contra la humanidad y la naturaleza. Sin embargo, no se puede decir lo mismo de los paganos (de la fe pagana) comprometidos a las prácticas de su templo, ya que su «religión» no tiene moral alguna que traicionar.

Hoy, muchos de los críticos del cristianismo no saben lo suficiente de lo que en realidad sucedió en la historia. Ven el Discovery Channel o una película de Hollywood y llegan a sus propias conclusiones, que están tan erradas como la historia en que se basan las teorías que observaron en la pantalla. Oyeron de las sangrientas cruzadas y la Inquisición, y a estos hechos —que habría que quitarles el sensacionalismo dramático necesario para «venderlos» a las masas— le agregan el condimento de leyendas y citas equivocadas de supuestas autoridades históricas. Los cristianos no tenemos por qué rendir nuestro pasado en sacrificio a probables leyendas dramáticas con una agenda religiosa-política.

Nuestra obligación es profundizar el conocimiento y la memoria colectiva de lo que en realidad el evangelio ha significado para la humanidad. Igualmente, no debemos cederle el futuro a aquellos que no conociendo a Dios, no dominan a profundidad la naturaleza de la humanidad y pretenden «científicamente» probar que la sociedad sin Dios es una sociedad libre, donde también se amaría la verdad, la belleza e incluso la vida. Eso ya se intentó antes con individuos tales como Nieztche, Lenin, Marx y Hitler. Revisa la historia para ver el resultado. El punto de vista del cristianismo en cuanto a la naturaleza humana es sabio y noble precisamente porque es radical: ve a la humanidad en un solo plano, en una sola imagen, reflejando a lo divino y conociendo al mismo tiempo la capacidad que tiene para la maldad, pero también para la redención.

La premisa contemporánea es que una sociedad sin Dios y su moral sería más benévola y tolerante que una basada en la fe. Parece que los «genios» que aducen estas teorías ignoran por completo las estadísticas históricas. La era moderna, en la que el hombre se alejó de Dios y se apoya únicamente en el hombre mismo, es en gran medida la época más violenta de la historia. Solo el conteo de los cadáveres arroja un enorme signo de interrogación a tan escandalosa declaración.

Sin embargo, hasta en tragedias como esta Dios habla. Aun en la más tonta de las declaraciones sociales, Dios no se queda callado. El fracaso y la crisis de una sociedad «secular» es una de las formas en que Dios se ha comunicado en el pasado.

Por eso es que debemos dar gracias por el nacimiento de Jesús y la forma en que el cristianismo ha contribuido a la sociedad en general. Todas las categorías de la vida humana han sido tocadas por el cristianismo y cada una es mejor por eso.

En *Las crónicas de Narnia*, C. S. Lewis dijo que un mundo sin el nacimiento, sin la vida, sin la muerte y sin la resurrección de Jesucristo es un mundo donde «siempre es invierno […] nunca Navidad».

Dos mil quinientos años antes del nacimiento de Jesús, Dios ya estaba tratando con la civilización humana. A pesar de las noches oscuras que como pesadillas los humanos sufrimos, llenas de violencia, tragedias naturales, guerras, enfermedades y maldad, tenemos la esperanza que Dios quiere redimir a la humanidad. Así que podemos felizmente despertar de la pesadilla, porque hace dos mil años en una

PARTE I: EL PASADO

cueva sucia y oscura cerca de Belén, el llanto de un bebé rompió el silencio de la noche y generó una onda expansiva de cambio que aún hoy se siente con la misma fuerza.

Sin Jesús en el pasado, nuestra vida sería muy diferente. Todo sería mucho más primitivo y rudimentario. Las mujeres serían esclavas, los niños se sacrificarían a los ídolos, y no habría obras de caridad y beneficencia. Sin el pasado donde el cristianismo floreció, no tendríamos el arte que hoy gozamos ni la ciencia que hoy utilizamos. Definitivamente, no existiría ningún tipo de libertad. Sin Jesucristo en el pasado de la humanidad, solo habría un destino espiritual separados de Dios.

Un mundo sin el evangelio sería un verdadero desastre. Seguro sería un mundo donde miles de millones morirían de hambre, de falta de cuidados básicos y enfermedades. Y esto es solo tomando en cuenta la contribución que la iglesia cristiana hace a fin de ayudar al prójimo.

¿No has pensado que las cantidades destinadas por la iglesia cristiana a ayudas de beneficencia alrededor del mundo continúan siendo hoy tan grandes que no se pueden cuantificar? Y eso a pesar de que algunos consideramos que no se da lo suficiente. El evangelio hace posible que lo que dice Isaías 9:2 sea una realidad: «El pueblo que andaba en la oscuridad ha visto una gran luz; sobre los que vivían en densas tinieblas la luz ha resplandecido». Dios a través de la historia, desde los días pasados, ha enviado luz a los pueblos que andan en tinieblas.

Por eso se necesitan jóvenes brillantes y audaces. Jóvenes cristianos que se preparen para continuar lo que Dios ha hecho en el pasado a través de otras generaciones. Dios quiere que participes, que abras un agujero en el universo y a través del arte y la ciencia dejes pasar la luz admirable, para que el pueblo que anda en tinieblas vea gran luz.

PARTE 2

LA HISTORIA

La historia es un tributo a Jesús, tal vez el mejor.

Vivimos en un mundo caído, pero no en un mundo olvidado. Dios ha estado íntimamente entretejido en los asuntos de la humanidad. A veces resulta obvio y lo vemos. A veces no es así, sino que está escondido. Y a veces, sencillamente no lo queremos ver.

Una de las mejores evidencias de la existencia de Dios se encuentra en la historia de la humanidad. La historia habla de Dios porque Dios ha hablado a través de la historia.

No debemos olvidar que la historia comienza con Dios, y para los que creemos en la autoridad de la Biblia, culminará también con él. ¡Dios no pronunció la frase «Yo soy el Alfa y la Omega» tan solo para presumir que sabía griego! Con él comienza el alfabeto, la "historia y con él termina el alfabeto, la "historia". La historia también comienza y termina con Dios. Antes de que hubiera todo lo que existe, el tiempo y el espacio no existían. Si no había tiempo, no había historia. Si no había espacio, no había dónde ejecutar la historia. Así que Dios «habló» primero en la expansión infinita de la nada y entonces la historia comenzó.

La historia es un orden o un proceso en el tiempo que para los cristianos debe tener una importancia prioritaria. En la historia fue que tuvo lugar la caída del hombre. En la historia el hombre resultó redimido. Fue en la historia que, cuando vino la plenitud del tiempo, Dios envió a su Hijo, y fue en ella que Jesús murió y resucitó. En la historia es que el cuerpo de Cristo, su iglesia, crece, madura y se perfecciona. De modo que la historia es mucho más que solo el «pasado»; la historia es donde el perfecto plan de Dios se despliega.

Heródoto fue un griego de nombre imponente al que se le considera el «padre de la historia». Él fue el primer gran historiador, la primera persona en dejar escritos sobre acontecimientos históricos. Desde Heródoto hasta ti, la historia no ha sido casualidad, tú y él comparten el mismo guión que Dios escribe, de modo que te toca apreciar la historia como una obra maestra y no solo como acontecimientos casuales que ha vivido la humanidad. Hay mucho en la historia que le da la gloria a Dios, los cristianos debemos saber eso y ser sus protagonistas desde el presente hasta el futuro, a fin de traerle honor al nombre del Señor.

La soberanía de Dios se muestra en la historia. Cuando se escribe correctamente, la historia representa una crónica de la providencia divina, y los cristianos que la leemos debemos hacerlo con los ojos siempre puestos en la mano de Dios. San Agustín decía que Dios tiene el poder de asignar reinos y potestades, y que Dios le permitió el dominio a los romanos así como le dio soberanía a los asirios y a los persas. Eso quiere decir que de alguna forma misteriosa Dios le permitió gobernar a tu personaje político más indeseado.

Los profetas del Antiguo Testamento tienen muchas profecías acerca de Dios interviniendo en la caída de reyes y tiranos, igual que en el surgimiento de reinados y dominios.

Uno de los ejemplos es la caída de la Babilonia antigua, que Dios indujo en parte para llevar alivio a los habitantes de la tierra y particularmente a su pueblo.

Isaías dice: «Cuando el Señor los haga descansar de su sufrimiento, de su tormento y de la cruel esclavitud a la que fueron sometidos, pronunciarán esta sátira contra el rey de Babilonia: ¡Hay que ver cómo terminó el opresor, y cómo acabó su furia insolente! Quebró el Señor la vara de los malvados; rompió el bastón de los tiranos que con furia y continuos golpes castigaba a los pueblos, que con implacable enojo dominaba y perseguía a las naciones. Toda la tierra descansa tranquila y prorrumpe en gritos de alegría» (Isaías 14:3-7).

En el mismo libro tenemos profecías acerca de Asiria, Filistea, Moab, Siria, Etiopía, Egipto, Edom, Tiro e Israel. Definitivamente, Dios era un participante «activo» en la historia durante el período del Antiguo Testamento. Y sabemos que en esa época él usó a los romanos para destruir el templo y a Jerusalén como se había profetizado.

Declaraciones como las de Daniel 2:21, Romanos 13:1 y Job 12:19, 23 nos muestran claramente que el mundo está gobernado por la sabiduría de Dios y no por la casualidad; algunos creemos que incluso ni siquiera está regido por la democracia. Dios está tan entretejido en la malla histórica de la humanidad, que según Hechos 2:23 su plan perfecto para la historia incluía la muerte física de su Hijo: «Éste [Jesús] fue entregado según el determinado propósito y el previo conocimiento de Dios; y por medio de gente malvada, ustedes lo mataron, clavándolo en la cruz». A los ojos humanos esta es la peor de las crueldades, por eso la historia hay que verla y revisarla con la óptica de la Biblia, no con la nuestra.

> CUANDO SE ESCRIBE CORRECTAMENTE, LA HISTORIA REPRESENTA UNA CRÓNICA DE LA PROVIDENCIA DIVINA, Y LOS CRISTIANOS QUE LA LEEMOS DEBEMOS HACERLO CON LOS OJOS SIEMPRE PUESTOS EN LA MANO DE DIOS.

La discusión acerca de cuánto interviene Dios en cada «detalle» de la humanidad constituiría un libro en sí misma, pero tenemos la certeza que no estamos abandonados y la voz de Dios habla claro a través de los acontecimientos de la humanidad.

Entonces, si no fuera por la Biblia, específicamente por el Antiguo Testamento, probablemente pensaríamos que la historia es solo la crónica de sucesos aislados y el desarrollo natural de la humanidad. No obstante, por la lectura de ese maravilloso Antiguo Testamento, un recuento de lo que sucedió antes de que los «cristianos» existiéramos, podemos ver que la mano de Dios está en la historia del hombre. Y si Satanás es el diminuto «príncipe de este mundo», Dios definitivamente está involucrado en nuestras vidas, nuestro universo y nuestra historia, porque él prometió no dejarnos a la deriva.

El canciller Otto von Bismarck se convirtió en 1871 en el primer líder supremo del Imperio Alemán. Sin embargo, con toda su influencia y su poder político, aceptó la soberanía de Dios en la historia diciendo: «El hombre de estado no puede crear la corriente del tiempo, solo puede navegarla. El hombre de estado debe tratar de alcanzar y tomar el dobladillo, el ruedo, cuando escucha el susurro del manto de Dios moverse a través de los acontecimientos».[1]

Para los hijos de Dios, la historia no es aleatoria; nada ocurre por accidente o casualidad. Los sucesos tienen un propósito. La historia tiene una dirección y un significado. Sabemos con certidumbre por el recuento bíblico que Dios ha intervenido directamente en momentos específicos de la historia y se revela a través de toda ella.

Según la cosmovisión cristiana, la historia tiene una división tripartita del tiempo.

(1) En el pasado, todo antes de Cristo tenía la intención de preparar su llegada.
(2) En el tiempo presente, después de su nacimiento, tenemos la revelación del tiempo que estuvo en la tierra.
(3) Luego de su resurrección, veremos el cumplimiento de su mensaje.

La historia es mucho más que solo la interacción de líderes, pueblos y el ambiente donde vivían, y no debe verse como cíclica o repetitiva. Los hijos de Dios debemos considerar la historia como el despliegue de un plan divino donde el escenario está abierto, pero tiene restricciones, y donde el hombre puede escoger el camino que quiere, pero debido a los límites naturales no es capaz de decidir las consecuencias.

Es como un guión que el maestro dramaturgo escribe, dejando espacios en blanco para que nosotros escribamos lo que deseemos. Y ese es el problema, que por lo general escribimos lo que nos da la real gana.

El mundo fue creado en un continuo de tiempo, no en un círculo temporal. La idea del círculo es poderosa, lo sé. Las religiones orientales producen un efecto encantador con muchos de estos conceptos, pero están equivocadas, ya que la historia constituye una línea recta hacia la culminación del plan divino de Dios para la humanidad.

Para nosotros los cristianos, la historia debe implicar el estudio de los hechos del hombre en un mundo caído, y cómo y por qué vivió en obediencia o desobediencia a Dios. Desde la creación, la voluntad de Dios ha reinado en el mundo, aunque el ser humano no lo acepte así. De modo que los hechos del hombre caído y redimido van haciendo las incisiones en la historia que nos hablan acerca de Dios, ya sea en su presencia porque fue invocado o en su ausencia porque se le ignoró.

Han existido acontecimientos que definitivamente afectaron la vida del cristianismo a través de la historia y por ende le dieron una plataforma para ser de influencia en la sociedad. Y resulta claro para mí que son parte de un plan divino. La historia no está conformada por sucesos aleatorios y sin sentido, sino es una flecha, una línea directa que apunta a la Segunda Venida de Jesús. Todo lo que sucede en la historia de la humanidad apunta al regreso de Cristo. Algunas cosas las podemos percibir claramente, otras no, pues están escondidas a nuestros ojos ya sea por designio divino o porque sencillamente no leemos con sabiduría la historia.

De los muchos acontecimientos históricos, hay tres que pienso que han sido importantes para el cristianismo:

(1) La conversión de Constantino al cristianismo. En el siglo cuarto, Constantino se «convierte» al cristianismo, y aunque el serio debate histórico en cuanto a las razones por las cuales lo hizo aún no cesa, el edicto que publicó con respecto a la libertad de religión constituyó un avance importante para el cristianismo y la humanidad. Ya sea que se haya convertido por razones políticas, por genuina fe en Jesucristo, o sencillamente porque si no su

mamá Helena lo iba a regañar, haber adoptado el cristianismo como su fe representó un hecho importante para los cristianos, por medio del cual la voz de Dios habló.

Al mismo tiempo, ésta conversión de la figura máxima del Imperio Romano, aunque creo que fue el mayor éxito histórico del cristianismo, probablemente también significó su fracaso más grande. La fe que proclamaba la derrota del espíritu de este mundo, al llegar al poder, se vio en necesidad de hacer alianza con el enemigo que inicialmente quería conquistar. El resultado de que la política influyera en el cristianismo no fue el mejor, pero eso sucede siempre que los cristianos buscan el poder más que el servicio. La iglesia no está diseñada para permanecer en el poder, sino para servir. Una cosa distinta es que los cristianos lleguen al poder como individuos, pero no como iglesia. Ellos pueden ocupar posiciones en el gobierno como ciudadanos creyentes en Dios llamados a servir en amor.

(2) La Reforma Protestante. Este fue otro hito importante por medio del cual Dios habló. Aunque las ideas de la Reforma ya andaban por muchos lugares de Europa haciendo travesuras como niños que corren por el vecindario, cuando Martín Lutero clavó sus tesis en la puerta de la iglesia, esos martillazos dieron la señal de inicio a una revolución, sin la cual hoy probablemente la iglesia cristiana no sería lo que es. La predicación y la música que tanto anhelas domingo a domingo probablemente no existirían.

La Reforma no fue obra de unos hombres, fue obra de Dios a través de individuos como Lutero, Calvino, Wycliff y otros que cambiaron su mundo... y el nuestro.

Hoy necesitamos jóvenes teólogos, pensadores y filósofos que al igual que Lutero y sus seguidores trastornen el mundo de la iglesia, su generación y las venideras con una nueva Reforma.

Una revolución genuinamente cristiana no afecta solo a la iglesia. Si no revoluciona al mundo durante esa generación y las siguientes, no puede ser llamada revolución. La Reforma no solo produjo cambios en la iglesia, sino transformó a la sociedad de manera indiscutible. Según las palabras del libro de Hechos, «trastornó al mundo».

Por ejemplo, Walther, el director de coro de Lutero, modificó el ámbito de la música introduciendo los diferentes registros corales en la alabanza. Él cambió la forma en que se alababa, ya que por primera vez se les permitió a todos los asistentes cantar. ¡Tal cosa era un escándalo! La «policía del orden y la tradición» quería matar a Walther por permitir semejante anarquía en la adoración, pues las alabanzas debían ser entonadas únicamente por las personas autorizadas. Las ideas de la Reforma «democratizaron» la música durante la adoración y permitieron que la gente, sí, los plebeyos del pueblo, pudieran cantar alabanzas a Dios.

> HOY NECESITAMOS JÓVENES TEÓLOGOS, PENSADORES Y FILÓSOFOS QUE AL IGUAL QUE LUTERO Y SUS SEGUIDORES TRASTORNEN EL MUNDO DE LA IGLESIA, SU GENERACIÓN Y LAS VENIDERAS CON UNA NUEVA REFORMA.

Antes de la Reforma, nunca en una catedral se había leído la Biblia en el idioma del pueblo, ya que no existía en tal idioma, sino en latín. El rebelde Lutero «abusivamente» tradujo la Biblia al lenguaje de la gente común. Los líderes no querían perder su poder y sabían que si la gente tenía la Palabra de Dios en sus manos, entonces podía pensar y decidir. Lutero y su pandilla cambiaron el paisaje eclesiástico de su generación y de todas las que vendrían después.

(3) La revolución francesa y la revolución estadounidense. A la verdad, no soy muy fanático de la revolución francesa, pero tengo que admitir que sin ella y sin la revolución estadounidense no tendríamos muchas libertades. Estas revoluciones les quitaron el poder a los tiranos político-religiosos, los monarcas y los papas, permitiendo que la sociedad fuera más libre para elegir.

Cuando los sucesos históricos tienen lugar, Dios no piensa solo en «su iglesia», mucho menos solo en la tuya. A Dios le preocupa el mundo, la humanidad. Dios no está interesado solo en que su iglesia salga beneficiada; sé que muchos cristianos piensan así, pero no es cierto. La mano de Dios está presente en la historia a fin de que toda la humanidad salga del hoyo donde nos hemos metido.

Cuando la raza humana avanza y progresa, cuando hay algún descubrimiento que beneficia al hombre, cuando una obra de arte provoca alguna acción para el bien, Dios sonríe. Sin embargo, sabemos que la historia está llena de momentos sombríos, épocas y sucesos que entristecieron el corazón de Dios.

Dando una conferencia en una universidad nacional de un país de América Latina, me preguntaron que si Dios existía, por qué había tantos episodios oscuros y sufrimientos en la historia de la humanidad. Mi respuesta fue que si estudiábamos bien los hechos, veríamos que durante esos períodos sombríos y llenos de sufrimiento la humanidad había querido controlar su propia historia, y consciente o inconscientemente hizo a Dios a un lado. Muchas veces esos períodos llegaron después del funeral de Dios, en momentos en que algún «genio» de la filosofía, la sociología o la ciencia había declarado que Dios estaba muerto.

El problema con ese concepto, continué explicando, es que al «enterrar» a Dios y sacarlo de nuestra historia, indudablemente, como los hechos históricos prueban, alguien más se subió al estrado de Dios a fin de elegir quién viviría o moría.

Por ejemplo, la historia del siglo veinte probó que Nietzsche tenía razón. El hecho de abandonar la cosmovisión cristiana llevó a la cultura a negar las verdades universales y la moral absoluta. El siglo veinte ha sido el período (justo los cien años después de Nietzsche) más sangriento de la historia. La «muerte de Dios» fue vista por muchos filósofos y sociólogos como una señal de que la humanidad estaba progresando; sin embargo, si consideramos las consecuencias de eliminar a Dios de nuestras sociedades, nos daremos cuenta de que realmente dimos un paso atrás y no hacia adelante.

En cuanto a esto, muchos filósofos, teólogos y pensadores cristianos, entre los cuales se encuentran C. S. Lewis, Francis Schaeffer y John Stott, han dicho que la muerte de Dios significaba la muerte del hombre. ¡Y qué razón han tenido!

Del mismo modo, aunque muchos de forma equivocada afirman que en el nombre de Jesús se han cometido las más grandes atrocidades, el siglo veinte nos dio los catalizadores más influyentes para la paz: desde celebridades como el admirado Bono hasta figuras históricas como Desmond Tutu, la Madre Teresa, Dorothy Day, Martin Luther King y Mahatma Gandhi, quienes fueron indudablemente influenciados de forma poderosa por las enseñanzas de Jesús.

El clima filosófico actual permite mucho revisionismo histórico anticristiano, y en parte los cristianos nos lo merecemos, porque hemos abandonado las ciencias y las disciplinas en las que deberíamos ser expertos. La historia nos pertenece, no debido a que seamos «mejores» o los dueños de la humanidad —no lo somos, en todo caso somos sus servidores (no sirvientes)— sino porque la historia es la historia de Dios, y él es nuestro Dios y nosotros su pueblo. Se trata de nuestra historia, y deberíamos apropiarnos de ella para la gloria de Dios y el beneficio de la humanidad. No obstante, necesitamos ser cuidadosos, honestos y humildes al tratar de descifrar la mano de Dios en la historia.

Muchas veces los académicos y científicos ateos toman lo que algunos cristianos inmaduros dicen que creen y lo exponen como las bases de la fe cristiana. Si ese es el razonamiento, tendrían también que aceptar que ninguna filosofía acerca de Dios ha cometido más atrocidades que el ateísmo. Los grandes genocidas de la historia han sido ateos.

Por eso, San Agustín dijo que no hay que juzgar a una cosmovisión por sus extremos. ¡Esa es una gran admonición! Una que muchos cristianos deberían seguir, así como también muchos ateos.

A través de la historia, Dios ha constituido la propia historia. Cuando Dios se revelaba de formas sobrenaturales a su pueblo, hablaba de la historia como algo que él mismo escribía. Luego, después de la venida de Jesucristo, la iglesia nació y el cuerpo de Cristo empezó a ser el protagonista histórico.

La historia de cómo el cristianismo comenzó a causar un impacto en el desarrollo de la civilización se inicia con la conversación que Dios sostiene con su iglesia durante los primeros siglos.

La cultura donde nace la iglesia en el primer siglo estaba basada en el hombre como tal. Ellos construyeron la sociedad empezando con el hombre. Los cristianos de esa época soportaron las enormes presiones sociales precisamente porque creían lo contrario. Nuestros hermanos de la iglesia del primer siglo eran valientes, enfrentándose a los salvajes leones y los hambrientos tigres en el coliseo romano porque creían en un Dios infinito, absoluto y personal.

La iglesia del primer siglo sufría los embates del Imperio Romano, no porque seguía a Jesús, sino porque no se postraba ante la autoridad del César como dios. Los cristianos eran vistos como rebeldes, ya que no se amoldaron a la forma de vida a su alrededor ni se mostraron promiscuos con la verdad, jugueteando con las múltiples religiones y filosofías que los rodeaban.

Si nuestros hermanos hubieran adorado al César y a Jesús, no habrían sido perseguidos. Pero no, valientemente y con lealtad admirable, la iglesia del primer siglo decidió no vivir una vida basada en convicciones eclécticas pintadas con los tonos de las filosofías del día.

En la iglesia del primer siglo el arte resultaba central, formando parte de su estilo de vida espiritual. Lo veían como una conversación con Dios. Para ellos, el arte era no solo una forma de expresar sus convicciones, sino también era un modo en que buscaban acercarse a Dios.

El Nuevo Testamento se estaba empezando a terminar de compilar, así que cuando se reunían, nuestros hermanos leían los pocos textos que lograban mantener escondidos, luego cantaban algún canto que habían heredado de la cultura judía, y después comían. Durante este último punto del programa, mientras unos cenaban como parte de su «comunión», otros pintaban las paredes como una forma de expresar su adoración a Dios o comunicarles a otros lo que Dios quería decirles. Hay catacumbas romanas donde el arte revela cómo la iglesia de entonces veía su creencia en Jesús. Cuando desciendes a las bóvedas frías y oscuras, puedes ver las pinturas que nuestros hermanos artistas del primer siglo pintaban en las paredes.

> EN LA IGLESIA DEL PRIMER SIGLO EL ARTE RESULTABA CENTRAL, FORMANDO PARTE DE SU ESTILO DE VIDA ESPIRITUAL. LO VEÍAN COMO UNA CONVERSACIÓN CON DIOS.

Hay muchas representaciones de Jesús, porque para nuestros hermanos de la iglesia antigua Jesús era todo lo que tenían de valor en la vida. Tal vez deberíamos permitir que algo de ese pensamiento se nos trasmitiera.

En la médula de la fe de los cristianos de las primeras iglesias yacía el hecho de que el Dios en el que creían había hablado, y no solo había dicho verdad, sino la había hecho accesible a ellos. Esta creencia en la verdad absoluta de Dios fue lo que los sostuvo para no ser arrastrados por tanta relatividad que existía en sus entornos.

Al igual que hoy, nuestros hermanos vivían en una sociedad muy relativista, pero a diferencia de nosotros, al ser una iglesia joven —en su infancia realmente— carecían de tradiciones, costumbres, opiniones personales y muchas otras cosas que hoy en día mezclamos con la verdad de Dios y las enseñamos como absolutos.

Para ellos no había «liturgia», no había práctica religiosa, ellos las consideraban como parte natural de su vida, ya que creían que Dios se había revelado a la humanidad en la forma de Jesús y podían obedecer sus enseñanzas. Ellos pensaban que Dios había hablado y toda la humanidad, no solo los cristianos, podía oírlo.

Dios es el Dios de la historia. Y él se ha revelado a través de los acontecimientos, pero también ha operado por medio de personas. A veces pensamos que Dios solo habla en «los potentes truenos», pero no nos damos cuenta de que ha hablado de formas imperceptibles, por medio de cosas que parecen triviales al sentido humano.

Aurelius Ambrosius, un nombre que evoca imágenes de películas como *Ben-Hur* y *Gladiador*, era un hombre muy respetado en el siglo cuarto. Este individuo, que se llamaba igual que su padre, históricamente es más conocido como Ambrosio, obispo de Milán.

Ambrosio estudió literatura, leyes y retórica. Tenía muy buenas relaciones cívicas y políticas que lo llevaron a ser nombrado gobernador de dos regiones importantes en Italia. Luego fue llamado a ser obispo —que en esos tiempos era lo que en nuestro léxico eclesiástico de hoy llamaríamos «un gran líder influyente»— de la segunda ciudad más importante de Italia.

Siendo obispo, contribuyó históricamente al mundo de la música cristiana, no solo componiendo piezas que aún existen en los himnarios de música sacra, sino innovando de manera genuina un estilo conocido como el canto ambrosiano. Incluso los historiadores que aseguran que no fue Ambrosio el que originalmente creó este estilo, lo reconocen como una influencia determinante no solo en la música sacra, sino en la que subsecuentemente se cantaba fuera de la iglesia. Me parece hermoso que Dios use a un creyente para impactar la música secular.

Ambrosio y muchos otros cristianos de la época determinaron apartarse de la influencia de la música tradicional romana debido a las muchas referencias que esta hacía a lo pagano, así que él decidió contribuir con algo que mas de mil quinientos años después aún marca la música que escuchamos. Ambrosio componía himnos y le enseñaba a su pueblo a cantarlos, creyendo que la gente debería poder alabar a Dios en cualquier momento y lugar. El liderazgo de la iglesia en ese entonces no permitía que toda la gente cantara, porque lo veía como un desorden. Además, las personas no poseían la educación necesaria para «leer» las partituras, de modo que debido a su analfabetismo musical se les vedaba el derecho de cantar en la iglesia. No obstante, Ambrosio soñaba con que los cristianos cantaran siempre.

La historia de Ambrosio es la historia de muchos hijos de Dios a través de las generaciones que fueron usados por la mano divina para influir no solo en el ámbito de la iglesia, sino fuera de ella.

Cada edad, cada época, necesariamente reinterpreta y reescribe el pasado de acuerdo a su propio interés, sus propios ideales y sus propias ilusiones. Sin embargo, Dios no está atado a esto. Dios es multigeneracional, él le ha hablado a cada generación según la cultura en que esa generación está viviendo. Por eso se habla en el Antiguo Testamento del Dios de Abraham, el Dios de Isaac y el Dios de Jacob. No se trata de tres dioses, sino del mismo Dios con una expresión diferente para cada generación.

Thomas Jefferson dijo: «Debemos considerar a cada generación como una nación distintivamente diferente, con el derecho de sujetarse a su propia cultura, pero sin el derecho de sujetar a la siguiente generación».

Generaciones de cristianos a través de la historia han contribuido de forma poderosa al mundo. Cada una, de acuerdo a su conocimiento y según el legado que la generación anterior le dejó, contribuyó al avance de la raza humana. Esto hace que me pregunte: ¿Cuál es el legado que como líderes cristianos le estamos dejando a la siguiente generación en cuanto al arte y la ciencia?

La cosmovisión cristiana ha ejercido una influencia muy positiva en todas las categorías de la vida humana. Si bien es cierto que Dios usó a personas de «dudosa» reputación y creencias, la clase de personas que el cristianismo de hoy desacreditaría por su «testimonio», el pueblo cristiano fue el que marcó la mayor diferencia en todas las áreas de la sociedad.

De forma interesante, los cristianos y los musulmanes contribuyeron mucho a la preservación del conocimiento. Fueron los musulmanes los que tradujeron los escritos de Aristóteles al latín. Y aunque se ha popularizado el mito, no es cierto que los cristianos quemaron la biblioteca de Alejandría. No disponemos del espacio —y no sé si tú tienes la paciencia— para exponer las pruebas y argumentos aquí, pero si investigas bien, podrás ver que no fueron los cristianos los que cometieron tal atrocidad.

Una área de la sociedad que es legado de la cristiandad y que históricamente ha influenciado las categorías más importantes para el desarrollo de la civilización es la académica, en específico las universidades.

Panteno era un filósofo estoico. No creo que las fiestas de los estoicos fueran de las más divertidas, ni estoy seguro de si hubiera querido ir a una, ya que el estoicismo, aunque fue fundado por un gran académico y filósofo griego, básicamente decía que las personas más sabias, las que tenían cierto nivel moral e intelectual, mantenían sus emociones bajo control. ¡Se me hace que eran un tanto aburridos! En fin, Dios interviene en la vida de Panteno y él experimenta un cambio de corazón. Se convierte en un gran evangelista y un intérprete meticuloso de la Biblia. Se dice que fundó la famosa Escuela de Alejandría y que uno de sus grandes discípulos, Clemente, también estuvo al frente del Colegio junto con Orígenes, un teólogo de primer nivel y uno de los más distinguidos «padres de la fe».

Panteno, Clemente y Orígenes (¿te imaginas ser el pastor de jóvenes de estos tres? ¡Tienen nombres de unos chicos muy traviesos!) fueron unos verdaderos revolucionarios. A ellos les debemos el concepto de universidad, ya que sembraron a mediados del siglo segundo con la Escuela de Alejandría las semillas cristianas de lo que hoy se conoce como «educación superior». Los tres eran grandes eruditos y colectivamente representaban la élite más alta del mundo intelectual de sus días, siendo todavía hoy considerados «gurús» por muchos de aquellos a los que nos gusta lo histórico-académico. Dios usó a estos hombres de forma poderosa para marcar una diferencia en el mundo académico, científico y teológico.

> **DIOS USÓ A ESTOS HOMBRES DE FORMA PODEROSA PARA MARCAR UNA DIFERENCIA EN EL MUNDO ACADÉMICO, CIENTÍFICO Y TEOLÓGICO.**

No es exageración decir que probablemente la educación superior no hubiera alcanzado los niveles que ha logrado si no fuera por estos ilustres hermanos en la fe. El mundo académico tiene una deuda muy grande con la Escuela de Alejandría y sus líderes. Cien de las primeras ciento diez universidades en los Estados Unidos fueron fundadas con el exclusivo propósito de propagar la fe cristiana. Las grandes universidades del mundo, que son populares y conocidas por sus prestigiosos programas académicos, y que en los últimos cien años han decidido abandonar sus raíces cristianas por la moda filosófica del momento, llegaron a donde están debido a los principios bíblicos que Panteno, Clemente y Orígenes aplicaron a la academia, y ninguna de estas universidades se han detenido a decir: «¡Gracias!».

Ya para el siglo doce la educación sistemática se estaba perfeccionando en lo que se llegó a llamar «universidades». Mientras las primeras universidades se establecían en el siglo doce, la iglesia estaba apenas sembrando las semillas del conocimiento, motivando y patrocinando el debate de ideas y conceptos. ¿Cuántas iglesias conocemos hoy que hacen esto?

Promover el conocimiento desde una perspectiva cristiana permitió que en muchas otras áreas hubiera progreso e innovación. Algunos avances resultaron muy obvios y relevantes, otros no, pero las acciones de los cristianos a través de la historia tuvieron consecuencias en la eternidad.

En los primeros años del siglo sexto ya había hospitales gratis en el mundo cristiano oriental, con programas establecidos de salud y cuidado de pacientes. Claro está, el conocimiento médico que existía en ese entonces resultaba primitivo según las normas que hoy en día tenemos. Sin embargo, el cuidado médico que hoy gozamos en los hospitales modernos se debe en gran parte a la evolución de «las casas para cuidar gratuitamente a las personas enfermas». Fue en la ciudad de Bizancio (más tarde Constantinopla) donde los cristianos que habían aprendido los rudimentos contemporáneos de la salud cuidaron primero a los enfermos gratuitamente.[2] La estructura de los programas de atención y cuidado establecieron las bases para el campo de la medicina y la salud del futuro, beneficios de los que hoy gozamos.

Los cristianos, siguiendo principios como la compasión y el estudio diligente de la Creación (ciencia), disponían de los ingredientes necesarios para desarrollar los conceptos de «salud» y «medicina», que serían perfeccionados y utilizados para el beneficio de la sociedad durante los próximos catorce siglos.

Es un hecho histórico que antes de que los cristianos atendieran a los enfermos de forma gratuita en lo que hoy llamamos hospitales, civilizaciones como la griega ya atendían sistemáticamente a las personas con enfermedades. No obstante, esto sucedía en los templos de los dioses y era parte de un ritual religioso más que un cuidado en sí a la salud de la persona. Incluso Buda, en el año 6 a. C., nombró a un «encargado de salud» por cada diez mil aldeas y construyó casas para que llevaran a los inválidos y enfermos. Sin embargo, tal práctica no fue la precursora del cuidado compasivo sistemático de la salud.

Lo que hoy conocemos como hospitales tiene su origen en las instituciones que la iglesia cristiana fundó para el cuidado gratuito, compasivo y sistemático de los enfermos. Para la Edad Media, los monjes benedictinos ya atendían más de dos mil hospitales a todo lo ancho de Europa. El siglo doce vio una gran proliferación de las casas para enfermos. La Soberana Orden Militar y Hospitalaria de San Juan de Jerusalén, de Rodas y de Malta, más conocida como la Orden de Malta, tuvo un apogeo impresionante. Miles de caballeros atendían a los enfermos e instituyeron mucho de lo que hoy es el cuidado compasivo y la ayuda médica gratuita. En Montpellier, Francia, se construyó en el año 1145 el Hospital del Espíritu Santo, el cual se convirtió en uno de los centros de enseñanza más importantes del mundo conocido, teniendo como catedráticos a grandes hombres y mujeres de la fe.

El premiado autor y doctor uruguayo Antonio L. Turnes, en su ensayo «Historia y evolución de los hospitales en las diferentes culturas», señala: «Las doctrinas predicadas por Jesús intensificaron las emociones del amor y la compasión, dando ímpetu al establecimiento de hospitales que, con el avance del cristianismo, se transformaron en partes integrantes de la institución de la iglesia. Estos hospitales cristianos remplazaron aquellos de Grecia y Roma. Dedicados enteramente al cuidado del enfermo, ellos acomodaron a los pacientes en edificaciones fuera de la propia iglesia».[3]

El beneficio del cuidado de la salud que la iglesia le proveía a la sociedad no era solo para los feligreses o cristianos, algo que contrasta mucho con los servicios que hoy llevamos a cabo como iglesia. Los cristianos de esa época veían la «medicina» como algo universal y no solo para los que creían en Dios. La lógica era que Jesús había enseñado que debemos sentir compasión por *todas* las personas, no solo por las que «se portan bien», y que Dios había dado el intelecto a fin de investigar, estudiar y desarrollar soluciones para el cuidado necesario de los enfermos. Y lo más importante, aunque se trataba de lo «último en cuidados de la salud» y utilizaban «tecnología de punta», la atención era gratuita. Tal vez sería un buen ejercicio permitir que el ejemplo de aquellos que nos antecedieron nos lleve a juzgar la moral de atender a los enfermos exclusivamente por razones económicas.

Aunque Dios interactuó a través de su iglesia a fin de afectar diferentes áreas importantes para el desarrollo de la civilización humana, al estudiar la historia se ve claramente que en ninguna otra área el cristianismo ha tenido tanta influencia como en el arte y la ciencia.

Es imposible estudiar la historia del arte sin toparse en cada esquina con los temas profundos del cristianismo. Y no estoy pensando únicamente en la pintura, sino en cada una de las expresiones artísticas. En la ciencia no ha sido diferente. El registro histórico de la evolución de la ciencia demuestra que este campo experimentó sus mayores avances cuando los científicos caminaban sobre la plataforma de una cosmovisión cristiana.

Con una filosofía basada en las Sagradas Escrituras, el cristianismo empezó a juzgar todas las cosas desde la óptica bíblica, en especial a la humanidad. El hombre como creación de Dios tiene mucho significado y por lo tanto merece ser cuidado, sanado y cultivado. Y parte de este significado proviene del hecho de que posee intelecto, de modo que debe estudiar cómo funciona la Creación, incluyéndose a sí mismo.

Por ejemplo, los griegos habían demostrado que el ser humano tenía mente; el cristianismo enseñaba que también tenía alma. Los griegos, cegados por su propia luz del conocimiento, se deshacían del imperfecto, el feo, el lisiado y el enfermo. Los cristianos enseñaban que había que correr hacia ellos a fin de buscarlos, abrazarlos y, si estaban enfermos, sanarlos.

El cristianismo enseñaba que a los ojos de Dios todas las personas eran iguales y por eso la vida era sagrada.

Esto tuvo un impacto muy fuerte en la ciencia y el arte. Si todos somos iguales, los descubrimientos científicos son para beneficiar a toda la humanidad. Si todos somos iguales, la vida humana, en especial el cuerpo humano, debe tratarse en el arte como algo sublime, con respeto, porque está hecho a «imagen y semejanza» de Dios.

A partir de este concepto del cristianismo despegan y se desarrollan la ciencia y el arte; a veces entretejidos y a veces separados, pero siempre cumpliendo de una manera u otra la voluntad de Dios.

Si bien es cierto que la iglesia tuvo «reveses» con relación a su trato hacia el arte, y muchas veces también en su trato hacia la ciencia, no se puede desligar al cristianismo de las obras de arte más hermosas y sublimes de la historia ni de los descubrimientos científicos más importantes para la humanidad.

Por ejemplo, nuestros héroes de la Reforma, a pesar de todas las cosas buenas que trajeron a la raza humana, comenzaron a romper los iconos y la simbología cristiana, destruyendo vitrales que representaban maravillosas historias bíblicas y cambiándolos por vidrios lisos de colores. Asimismo, se deshicieron de buena parte de la liturgia y la poesía, y desecharon hermosas y significativas tradiciones que habían estado presentes por más de mil setecientos años.

Esto, por supuesto, tuvo un impacto muy fuerte en la forma en que la iglesia ve las artes.

> EL CRISTIANISMO ENSEÑABA QUE A LOS OJOS DE DIOS TODAS LAS PERSONAS ERAN IGUALES Y POR ESO LA VIDA ERA SAGRADA.

Y tuvo un impacto en el arte como un regalo de Dios a la humanidad.

Sin embargo, no todos durante esa época pensaban así. Cuando su maestro editó el libro de cantos de Wittenberg, Lutero mismo escribió en el prefacio: «No soy de la opinión de que todas las artes deban ser destruidas, ni que perezcan a través del evangelio como las personas fanáticas pretenden, pero con gusto querría verlas, y en especial a la música, como sirvientes de Dios, quien las creó y nos las donó».

Considerar a las artes, en especial a la música, como «sirvientes de Dios» es un concepto holístico y no dualista. Lutero no pretendía separar a las artes de la iglesia y el mundo, sino usarlas para glorificar a Dios donde fuera (en el mundo o la iglesia). La iglesia fue la gran patrocinadora de las artes, y antes del siglo dieciséis la mayor parte de los grandes pintores, escultores, arquitectos, escritores, compositores y artistas en general eran creyentes.

Algunos artistas tal vez no se consideraban cristianos según los criterios que hoy tenemos, sin embargo, resulta obvio que su inspiración provenía de Dios. No obstante, en cuanto los líderes de la iglesia cristiana comenzaron a hablar de lo «sagrado» y lo «secular», el arte comenzó una espiral descendente en su moral, porque la influencia cristiana no se sentía fuera de la iglesia.

Durante siglos, cuando alguien pensaba en el arte, la imagen de una iglesia venía a su mente, ya que era ahí donde se patrocinaba y enseñaba, y donde se adoraba con arte. Y la iglesia no solo patrocinaba el arte para su propio beneficio, sino para el bien de la cultura en general. Por ejemplo, fue la iglesia la que comisionó la escultura del David en Florencia, que originalmente se erigió en una plaza pública, no dentro de un templo.

Con el correr del tiempo, fueron los mismos cristianos los que se levantaron contra el arte y censuraron las obras artísticas; fueron ellos los que comenzaron a evitar el estudio de las artes y algunos hasta llegaron al punto de enseñar que los cristianos no podían ser artistas.

Es triste que en nuestros días muchos de los que forman parte de la iglesia, si son artistas, puedan optar a lo sumo por producir un arte «religioso»: piezas artísticas que los cristianos o los líderes de esa comunidad puedan entender y les gusten. A los historiadores en el futuro les parecerá que en nuestras iglesias el talento creativo no tenía nada que ver con Dios o el cristianismo. Resulta obvio que el poco «arte» que hay en la mayoría de las iglesias está confinado a la música (poco creativa), a la danza (no al baile) y al escenario (teatro, comedia, etc.). Y todas estas manifestaciones, con muy pocas excepciones, aún no logran salir de las ligas menores.

Se ha creído y enseñado muchas veces que el mundo de lo visual, el olfato, el tacto y el sabor no es importante para servir a Dios. La pregunta hay que hacerla: ¿Para qué dio entonces Dios esas maravillosas formas de expresión en estas áreas?

Jesucristo tomó forma de siervo, tuvo un cuerpo humano que puede ser representado en el medio visual. Por lo tanto, raya en la hipocresía que no permitamos tener una representación de Jesús en una pintura o escultura porque interpretamos Éxodo 4:20 a nuestra conveniencia, pero que sí promovamos diseños, fotografías y películas, muy mal hechas por lo general, donde aparece el personaje de Jesús.

Es sorprendente que algunas iglesias cristianas se enorgullezcan de no poseer simbología ni arte en sus templos. Se exaltan a sí mismas diciendo que no tienen artistas, sino solo «salmistas» o «levitas».

En la iglesia cristiana en general existe una falta de recordatorios visuales de la encarnación de Jesús. Y a esto se añade el agravante de que muchos cristianos han declarado que ellos no necesitan recordatorios visuales porque lo «sienten en el espíritu». Sin embargo, resulta obvio por la narración bíblica que los recordatorios visuales son parte de una vida de adoración plena. No con el objeto de adorar esos símbolos, sino como en el tabernáculo y el templo, para que esos símbolos ayuden a recordar la soberanía de Dios y la historia, la cual es Su historia.

En el ámbito de la ciencia, Dios tampoco ha permanecido callado ni es su deseo que sus hijos permanezcan silenciosos. El cristianismo le ofreció una plataforma amplia y sólida a la ciencia porque cree que la naturaleza es importante como creación de Dios. En los discursos y debates populares se ha considerado que la fe y la razón son contrarias, pero eso no es cierto. La fe y la razón van de la mano a lo largo de la historia para ayudarnos a entender la realidad y la condición del ser humano a través del tiempo.

Aunque se ha publicado ampliamente que la iglesia y el cristianismo han sido los peores enemigos de la ciencia, la verdad es otra. Es de mentes muy superficiales enseñar y creer eso. Ningún historiador serio acepta esa premisa. Si bien las autoridades de la iglesia cometieron graves abusos de autoridad contra varios científicos, no se puede concluir como algunos afirman que el cristianismo fue el enemigo principal de la ciencia, pues la historia declara lo contrario.

Es un hecho que en los siglos dieciséis y diecisiete, científicos cristianos educados en universidades cristianas, siguiendo la tradición cristiana de la especulación y la investigación científica y matemática, derrocaron una cosmología pagana y una física errada. A través del debate, el cuestionamiento y el estudio riguroso, llegaron a conclusiones exactas, a resultados inimaginables según la estructura del pensamiento científico helénico, que era el tradicional y el establecido en la época.

Fue el cristianismo el que hizo posible la ciencia moderna, sin la cual hoy no sabríamos ni la mitad de lo que sabemos acerca del universo y no tendríamos los avances tecnológicos de los que hoy gozamos. Dios estuvo presente en el lanzamiento de la ciencia y no ha estado callado, porque cuando la ciencia descubre una verdad, se trata de algo que Dios hizo.

Los asiáticos y los árabes llevaron a cabo descubrimientos importantes. Sin embargo, su ciencia no tuvo el desarrollo que vemos en la ciencia de Europa durante los siglos quince, dieciséis y diecisiete. Esto se debe a que perdieron el interés en cuanto a continuar investigando. No había desarrollo porque no había razón para seguir ampliando el conocimiento. A diferencia del cristianismo, que consideraba a la naturaleza como un objeto imperativo de investigación, para otras cosmovisiones la naturaleza no resultaba importante como para estudiarla.

En la actualidad, necesitamos tener cuidado de no caer en el mismo error. No debemos pensar que la actividad del cristiano debe tener lugar primordialmente dentro de la iglesia y que no hay razón para que nuestros jóvenes brillantes persigan el estudio de la ciencia como un llamado santo de Dios en beneficio de la humanidad. Las religiones asiáticas y árabes básicamente se dedicaron a la contemplación de lo «espiritual», abandonando los estudios de la naturaleza creada. Y a veces pareciera que la iglesia cristiana va en esa misma dirección.

La cosmovisión cristiana acoplada al pensamiento griego marcó la diferencia en el mundo de las ciencias y las artes como hoy las conocemos. Claro, no todos los científicos modernos eran «cristianos», pero sí casi todos seguían los principios bíblicos de la fe, de modo que al darse las condiciones propicias en Europa occidental, tuvo lugar una proliferación de ideas científicas.

DIOS ESTUVO PRESENTE EN EL LANZAMIENTO DE LA CIENCIA Y NO HA ESTADO CALLADO, PORQUE CUANDO LA CIENCIA DESCUBRE UNA VERDAD, SE TRATA DE ALGO QUE DIOS HIZO.

Las dinastías asiáticas, las potencias árabes, el Imperio Romano, las civilizaciones precolombinas, las naciones históricas africanas ni ninguna región antigua pudieron contribuir al despegue de la ciencia como lo hizo la Europa cristiana. El historiador Jaques Le Goff, con su estilo francés de intelectual enfadado, declara firmemente que la Roma del primer siglo no produjo nada. «No tuvo lugar ninguna innovación tecnológica de impacto», como ocurrió en Europa central».

De ahí, de esa pequeña parte del mundo donde se encontraban todos esos científicos que creían en Dios como Creador, el fuego del conocimiento se extendió al resto del planeta. Si el cristianismo es tan nocivo para la ciencia, el conocimiento y la razón, como dicen mis amigos ateos (sí, tengo amigos ateos, y muchos), ¿por qué esto no aconteció en otra parte del mundo? ¿Por qué no sucedió con otra creencia o filosofía? ¿Cómo es posible —si los anticristianos tienen razón— que hayan tenido lugar tantos avances científicos? ¿Cómo es posible que se dieran tantos escritos con el uso de la lógica y la razón en una sociedad científica y laica basada en la creencia de un Dios creador del universo?

Existe un listado largo de científicos que a través de la historia, habiendo estudiado las Escrituras y buscando honrar a Dios con sus intelectos, se convirtieron en los precursores de la ciencia como la conocemos.

Estoy seguro de que la mayoría, si no todos, no serían tolerados en la estructura eclesiástica tan popular hoy en día. Estos hombres desafiaban lo establecido, cuestionaban la autoridad, no por ir en contra de ella en sí, sino porque sus análisis y descubrimientos les decían algo diferente a lo que las «autoridades» indicaban. Y sin ellos, sin estos rebeldes revolucionarios, sin estos gigantes de la fe y la ciencia, hoy no tendríamos lo que tenemos. Dios habló, usando el intelecto y el espíritu indomable de los primeros científicos modernos, a fin de aumentar el conocimiento acerca de la Creación y traer beneficio a la humanidad.

Por ejemplo, Isaac Newton (1642-1727) fue un científico con una profunda fe en Dios que cambió la historia de la humanidad. Él escribió *Los principios matemáticos de la filosofía natural*, uno de los libros reconocidos entre los más influyentes de la historia de la humanidad. Ningún otro escrito ha tenido la influencia científica de esta obra, ni siquiera *El origen de las especies* de Darwin, según algunos argumentan.

Otros científicos famosos como Nicolás Copérnico (1473-1543), Johannes Kepler (1571-1630), Galileo Galilei (1564-1642) y John Locke (1632-1704) fueron dirigidos no solo por su curiosidad científica, sino también por su profunda fe en Dios. Ellos y otros científicos de su talla sacudieron las estructuras científicas, políticas y religiosas de sus tiempos. Estos pensadores y nuevos hombres de ciencia llegaron a la conclusión de que las leyes del universo estaban allí a fin de ser descubiertas y no para leerlas en la Biblia.

La cosmología y la física moderna nacieron en el regazo cristiano de Copérnico, Kepler y Galilei. Tres hombres de fe con un profundo conocimiento teológico y una curiosidad insaciable en cuanto a cómo funcionaba el universo que Dios había creado. Estos tres revolucionarios no desafiaron a la iglesia en sí; ellos querían liberar a la ciencia de la cadena intelectual aristotélica milenaria.

La profundidad de la fe de científicos como ellos les permitió hacer grandes descubrimientos, aunque muchas veces, como sucede en la mayoría de las investigaciones científicas, estos descubrimientos solo tuvieron lugar después de muchos intentos fallidos. Tales científicos realmente son héroes, gigantes de la fe y la ciencia, y también algo así como unos revolucionarios rebeldes. Ellos veían la investigación de la Creación como una forma de adorar a Dios. Esto trajo una conciencia diferente acerca del respeto a la naturaleza —que luego se perdió en la Industrialización hasta nuestros días— y también abrió las puertas a la búsqueda de soluciones sencillas y económicas para problemas complejos. Copérnico no quería ir en contra de las autoridades eclesiásticas, Galileo tampoco. Sin embargo, ¿qué podían hacer? Sus investigaciones revelaban sin lugar a dudas que las autoridades de la Iglesia Católica estaban equivocadas en cuanto a quién giraba alrededor de quién. Además, el que se hubieran descubierto otros planetas requería contestar la pregunta acerca de si el Papa era solo Papa en la Tierra o también en los otros planetas. De veras, trastornaron al mundo.

Las ideas de Kepler y Copérnico no negaban la verdad bíblica, sencillamente refutaban las ideas de Aristóteles, las cuales habían sido aceptadas como doctrina en la iglesia. Y todo lo que Galileo hizo fue respaldar con la Biblia la propuesta de Copérnico de que el Sol no giraba alrededor de la Tierra, sino más bien la Tierra giraba alrededor del Sol. La propuesta de Galileo no contradecía la verdad, contrariaba la autoridad de la iglesia.

No es un secreto que la iglesia castigó a muchos científicos modernos por el atrevimiento de descubrir nuevas cosas. Algunos fueron excomulgados de la iglesia, otros sufrieron arresto domiciliario, e incluso otros murieron torturados o quemados. La iglesia alegaba que la razón para esto era que tales personas negaban la deidad de Jesucristo y cuestionaban la autoridad eclesiástica. Resulta obvio, por los mismos escritos históricos de los científicos, que ellos no negaban la deidad de Jesucristo, sino que en todo caso sus estudios y descubrimientos la afirmaban. Lo que sí hacían como resultado de sus investigaciones era cuestionar la autoridad de la iglesia. Parece que a los líderes eclesiásticos de esos días —y tal vez a algunos de los actuales— se les olvidó que la iglesia no tiene autoridad, la autoridad solo la posee la Palabra de Dios.

Por su lado, la ciencia es neutral en cuanto a la «autoridad», ya que no tiene opinión. La ciencia solo puede demostrar lo que ha encontrado. Leonard Hofstadter, el ilustre físico teórico de la afamada serie televisiva *La teoría del Big Bang*, afirma que «los científicos no comprometen su opinión. Nuestra mente está entrenada para sintetizar datos y llegar a una conclusión irrefutable». Este personaje ficticio tiene toda la razón; cuando la ciencia presenta una conclusión, la iglesia debe entonces medirla con la vara de la autoridad de las Sagradas Escrituras, no con la vara de nuestras opiniones o inseguridades personales.

Esta revolución científica coloca al individuo y su curiosidad, su investigación y su expresión personal, por encima del dogma religioso. No necesariamente lo sobrepone a la verdad, pero sí a cómo se ha interpretado tal verdad.

Los cristianos no debemos tener miedo de que la ciencia demande cambios de opiniones, porque si se trata de una ciencia real, va a exponer la verdad, no una teoría de la verdad. Y la verdad que descubra, si es una realidad, siempre tendrá la firma de Dios.

La ciencia puede cambiar sus opiniones si la evidencia así lo pide, la fe cristiana no. Debido a que toda la evidencia ya ha sido presentada en la persona de Jesucristo y la Palabra de Dios, no hay opiniones en la fe, sino convicciones. Si su fundamento es Dios mismo, no hay necesidad de ningún cambio. Sin embargo, cuando incluimos las tradiciones y opiniones personales en nuestra fe, seguro llegará el día en que tendremos que cambiar de opinión, porque la evidencia así lo demandará.

Aristóteles insistía en que el mundo era lo que tenía que ser, y esa fue la creencia hasta que aparecieron personajes como Kepler y Galileo. Esta banda de rebeldes científicos desafió esa idea basándose en la premisa de que Dios podía hacer el mundo como él quisiera, no como «tenía que ser». Esto desafiaba las mismas fibras de las creencias establecidas,

> LOS CRISTIANOS NO DEBEMOS TENER MIEDO DE QUE LA CIENCIA DEMANDE CAMBIOS DE OPINIONES, PORQUE SI SE TRATA DE UNA CIENCIA REAL, VA A EXPONER LA VERDAD, NO UNA TEORÍA DE LA VERDAD.

tanto de la religión como de la ciencia, ya que prácticamente se estaba diciendo que había que abandonar las ideas no por viejas, sino porque no pasaban las pruebas de rigor de la investigación.

Los científicos modernos (Copérnico, Kepler, Galileo, Newton, Locke y compañía) fueron exitosos en cuanto a desafiar la autoridad y cambiar paradigmas, pero no por rebeldes, sino porque hacían bien su trabajo. Ellos no fueron un montón de indisciplinados irresponsables. Investigaban, eran diligentes, mantenían una coherencia en sus estudios e investigaciones. Estudiaban las artes, la literatura, la historia y sobre todo la Palabra de Dios. La razón por la que constituyeron una gran herramienta en las manos de Dios fue debido a que se podía depender de ellos. Sí, creían en Dios, eran hombres espirituales, pero sabían que tenían que estudiar, aprender y esforzarse. ¡Eran hombres de ciencia!

Estos científicos y hombres de Dios veían el Reino como algo más grande que la iglesia y la actividad «cristiana». Para ellos, creer en Dios conllevaba la enorme responsabilidad de ser científicos de excelencia. Johannes Kepler, el padre de la mecánica astronómica, declaró: «Nosotros los astrónomos somos sacerdotes del Dios altísimo y debemos ser inteligentes».

Por eso es que la ciencia y las nuevas ideas corrieron como tormenta de fuego por el resto del mundo. Los científicos modernos no podían renunciar al estudio de la naturaleza porque esta era creación de Dios. «Si el hombre fue puesto en la Tierra para dominarla en servicio, entonces no podemos abandonarnos al destino y a lo que suceda», era el pensamiento según la cosmovisión cristiana de estos genios.

Resulta interesante que los mismos científicos que hoy veneran a Newton por su contribución a la ciencia ridiculicen abiertamente y tilden de tontos a los que creen en el Dios en que Newton creía. Él pensaba que Dios actuaba en el cosmos, por eso llegó a tales conclusiones en cuanto a las leyes del universo. Su filosofía descansaba en algo que no cambiaba, algo más allá de la ciencia. El problema de basar la filosofía en la ciencia, como se ha hecho en los últimos ciento cincuenta años por la ausencia de cristianos en ese campo, radica en que la ciencia cambia porque siempre va descubriendo datos nuevos y corrigiendo su curso.

El filósofo cristiano Francis Schaeffer dijo que tenemos que retornar «a lo que los primeros científicos creyeron: un Dios que existe y no está silente. Un Dios que ha hablado de tal manera que las personas lo pueden entender en la Biblia y la revelación de Cristo».[4]

Debemos soñar que es posible que jóvenes comprometidos con Dios se dediquen al estudio de las ciencias, porque si alguna época de la historia ha necesitado científicos que crean que Dios existe y no está silente, es la nuestra. La iglesia de Cristo debe estar de nuevo a la vanguardia en lo que se relaciona con apoyar a las ciencias y promover el estudio agresivo de la Creación.

A diferencia de los antiguos griegos y asiáticos, los científicos cristianos no creían en el azar del destino. ¡Ellos creían en una vida con propósito seiscientos años antes de que Rick Warren escribiera su libro! «El hombre y la naturaleza tienen un propósito y por medio de la razón, el estudio y la investigación se puede conocer y así mejorar lo que hacemos como hijos de Dios», pensaban los cristianos a diferencia de cualquier otra filosofía, religión o fe. Nadie pensaba que podía haber leyes en el universo; fueron los científicos cristianos los que introdujeron a la humanidad a la realidad de que existen leyes que mantienen el universo funcionando. La cosmovisión cristiana permitió que nuestros héroes abordaran el estudio de la naturaleza desde ángulos diferentes, logrando descubrimientos asombrosos.

Por mil quinientos años se había considerado a la Palabra de Dios como la fuente principal del conocimiento. No obstante, al llegar al siglo diecisiete, este movimiento que desafiaba la manera en que el cristianismo afirmaba que se tenía que interpretar la realidad (la Revolución Científica) comenzó, y fue en esta época que las personas buscaron una nueva forma de pensar acerca del mundo. Luego, para el siglo diecinueve, el período de la Ilustración dio origen a una nueva especie de científicos que llevaron el desafío del cristianismo a nuevos niveles. Y en estos períodos complicados para las relaciones entre la fe y la razón, pareciera que la mano de Satanás intentaba silenciar la boca de Dios. Sin embargo, su voz ha prevalecido. Si escuchamos con cuidado, la historia nos contará la historia de Dios a través del arte y la ciencia.

Y así, también a través de los grandes movimientos científicos, podemos ver a Dios hablando con el hombre mediante el lienzo de la historia. Dios no está alejado. Él no solo ha querido tener una relación con Abraham o Juan el Bautista. No solo ha querido tener una relación con Lutero o Calvino. No solo ha querido tener una relación con los cristianos de Latinoamérica. ¡No! Dios ha querido tener relación con Pitágoras y Elvis, con Platón y Kierkegaard, con Caballo Loco y Qin Shi Huang. Dios, a través de la historia, ha encontrado formas tal vez diferentes a las que conocemos de comunicarle su presencia, su amor y su historia a cada habitante de la Tierra.

Dios amó y ama a *todo* el mundo, aunque a veces parece que olvidáramos el concepto de la palabra «todo». Mucho antes de Pedro y Juan; antes de Pablo; antes de Elías, Eliseo y los profetas, Dios amaba a la cultura china y la maya. Dios amaba a la cultura clovis y la kerma, probablemente dos de las más antiguas. Sí, Dios los amaba tal como hoy te ama a ti.

La Biblia declara en Hechos 17:27 que Dios se acercó a las culturas para «que todos lo busquen y, aunque sea a tientas, lo encuentren. En verdad, él no está lejos de ninguno de nosotros». Él es el Dios de la historia, el Dios de las culturas y las civilizaciones. No se apareció un día aislado en tu vida, ya que no es un Dios circunstancial. Él se presentó en tu camino a Damasco porque eres parte de la historia, de su historia, y como ha hecho por milenios con el resto de la humanidad, te ha invitado a ser parte de esta maravillosa historia en la que todos estamos conectados a través de él. Algunos lo han rechazado, otros no; pero eso no niega que esté orquestando todos los acontecimientos de la humanidad, los «buenos» y los «malos», a fin de que todos lo busquen, aunque sea a tientas, y lo encuentren como el único Dios Creador de todo el universo.

Y si confiamos en que Dios es soberano en la historia de la humanidad, puedes confiar en que es soberano en tu propia historia.

Cuando observamos el cielo en la hermosa oscuridad de la noche, estamos viendo nuestro pasado, pero solo percibimos una pequeña parte de nuestra historia. El universo contiene toda la historia que Dios ha escrito. Él la comenzó, él la terminará; se requiere fe para creer eso.

No se puede separar la fe y la historia, porque el autor de nuestra fe es el autor de nuestra historia, la historia de la humanidad. Lamentaciones 3:37, 38 señala: «¿Quién puede anunciar algo y hacerlo realidad sin que el Señor dé la orden? ¿No es acaso por mandato del Altísimo que acontece lo bueno y lo malo?».

Sí, definitivamente no entendemos todo, muchos sucesos de la historia no tienen sentido. Tratamos de unirlos y entretejerlos para ver si encontramos algún patrón, alguna razón profunda por la que sucedieron, pero no los hallamos. Sin embargo, creemos por fe, porque al final de todo sabemos que Jesucristo es la historia. En 1 Corintios 13:12 las

> Y SI CONFIAMOS EN QUE DIOS ES SOBERANO EN LA HISTORIA DE LA HUMANIDAD, PUEDES CONFIAR EN QUE ES SOBERANO EN TU PROPIA HISTORIA.

Escrituras lo explican de esta manera: «Ahora vemos de manera indirecta y velada, como en un espejo; pero entonces veremos cara a cara. Ahora conozco de manera imperfecta, pero entonces conoceré tal y como soy conocido». Jesús es soberano sobre la historia. Es Señor del significado y el propósito de la historia. Él rige el pasado, el presente y el futuro.

Refiriéndose a la historia, uno de mis poetas preferidos escribió: «Contaré una historia; hablaré de misterios de la antigüedad. Nosotros ya hemos escuchado esa historia y la conocemos muy bien; porque nuestros padres nos la contaron. No la esconderemos a nuestros descendientes; se la contaremos a las siguientes generaciones. Siempre alabaremos al SEÑOR y hablaremos de las grandes maravillas que ha hecho. Decretó un pacto con Jacob; le dio su enseñanza al pueblo de Israel, y les ordenó a nuestros antepasados que se la enseñaran a sus descendientes. Así la conocerían las futuras generaciones, los hijos que habrían de nacer, y ellos a su vez se la enseñarían a sus hijos. Esas generaciones pondrán su confianza en Dios; nunca olvidarán lo que él hizo y obedecerán sus mandamientos».[5]

Sí, creo que Dios está presente en el corazón de la historia.

PARTE 3

LA CIENCIA

Ciencia, arte y fe

Estudiar la Creación, hacer ciencia, es conocer a Dios.

El arte, la ciencia y la religión, aunque no compartan los mismos impulsos creativos, ofrecen diferentes medios y métodos a fin de crear puentes para nuestro entendimiento en las diferentes categorías de la vida. Juntos nos dan el gran panorama de lo que Dios ha creado.

Es como una casa donde hay tres hijas. La ciencia, una hermana estudiosa y diligente, es la que por lo general está mejor capacitada para contestar las preguntas acerca del «cómo» con relación a la naturaleza. La otra hermana, las artes, a veces es medio «hippie» y se viste raro. Se muestra emotiva y le gusta mucho contestar las preguntas sobre el «qué». Siempre está pensando acerca de «qué está sucediendo», «qué es lo que la gente ve», «qué es lo que debería ver». Y la hermana mayor, diría yo, es la fe. Ella contesta las preguntas «por qué» y «quién».

El problema lo encontramos cuando queremos que una de las hermanas conteste todas las preguntas.

Cuando esto sucede, queremos obviar a las otras asumiendo que son opcionales y que probablemente están equivocadas. También, dependiendo de nuestros intereses, talentos e inclinaciones, deseamos que la hermana que entendemos más conteste todas nuestras preguntas. Y a veces nos molesta el hecho de que cuando una de las hermanas contesta a las preguntas del tema que más domina, las otras muchas veces guardan silencio.

Sin embargo, las tres apuntan a canalizar la curiosidad humana innata a fin de alumbrarnos al ensanchar las fronteras de nuestro conocimiento. Prometen, cada una a su manera, ayudarnos a encontrar certidumbre.

El arte nos permite explorar el universo a través del filtro de las percepciones y las emociones humanas. El arte, a diferencia de la ciencia, no está a la búsqueda de verdades objetivas, al contrario, se basa en la emoción muy personal del artista y la audiencia.

La fe se apoya en la teología, que para el cristiano básicamente es el estudio de la naturaleza de Dios, y tampoco está preocupada por cómo funciona el universo. Sin embargo, por siglos la teología informó a la ciencia. Los medios de comunicación y muchos detractores del cristianismo con una agenda secular no hacen mención de esto, pero la fe cristiana tuvo mucho que decirle a la ciencia. Y el cristianismo no solo influyó en el avance de los descubrimientos científicos, sino tal vez fue más importante el hecho de que ejerció una influencia poderosa en el desarrollo de las aplicaciones prácticas de esos descubrimientos. El cristianismo introdujo una ética en la ciencia que la responsabilizaba de que fuera para el bien de la sociedad.

Así como los átomos constituyen el material de estudio de la física de partículas, y el espacio representa el campo de investigación de la astronomía, la Palabra de Dios proporciona el material para la teología. Se trata de un mundo de realidades espirituales que emanan de la naturaleza de Dios. Podríamos decir que es algo así como «la ciencia de Dios», sin embargo, es mucho más que una ciencia.

Como ciencia, a la teología hay que tomarla tan en serio como a la astronomía, la física de partículas y las matemáticas. Es triste que en nuestra cultura eclesiástica actual haya más recursos invertidos en la música, la alabanza y la adoración que en la teología. Y antes de que corras a darle la queja a tu líder de alabanza de lo que acabas de leer, permíteme decirte que no estoy deduciendo que una sea más importante que la otra. No obstante, sin una buena teología, nunca tendremos una buena adoración.

En fin, regresando a lo de la ciencia, el arte y la fe; creo que la ciencia, y no la religión o la fe, es la que nos dará las mejores explicaciones acerca del funcionamiento del universo.

Ahora bien, la fe y la ciencia se parecen en que las dos requieren cuestionamientos constantes. Dudamos y luego creemos. En la fe, aunque no sepamos «cómo», creemos, a pesar de que constantemente cuestionamos el «porqué». La ciencia, por su parte, ni siquiera se preocupa del «porqué», sino cuestiona el «cómo», y hasta que no responde la pregunta, no cree. De modo que llegamos a creer porque dudamos, porque cuestionamos, y a las autoridades religiosas nunca les ha gustado que la gente cuestione, por eso a veces miran a la ciencia con desconfianza.

Muchos cristianos han enseñado que la fe es «suficiente». Pues será suficiente para muchas cosas, pero el estudio del universo y su funcionamiento es una actividad que requiere no de las disciplinas espirituales, sino de las disciplinas científicas.

Resulta equivocado pensar que como la ciencia nos da los hechos —los datos acerca del mundo en que vivimos— y como el arte nos da la inspiración —las emociones que nos permiten «percibir lo que no se ve»— la fe entonces nos proporciona un excusa para explicar lo que no entendemos. Esa es una muleta intelectual muy débil. Hay cosas en el universo que no entendemos porque la ciencia aún no las ha podido explicar. Puedes tener toda la fe que quieras, pero aunque hoy no entendamos muchas cosas que aparentemente suceden «fuera» de lo natural, Dios le ha dado el intelecto al hombre para hacer uso de la ciencia e investigar el fenómeno.

> A VECES HEMOS SIDO ARROGANTES ANTE LA CIENCIA. LOS CRISTIANOS HEMOS ACTUADO COMO SI LA ÚNICA PARTE DE LA CREACIÓN QUE IMPORTA ES EL SER HUMANO.

A veces hemos sido arrogantes ante la ciencia. Los cristianos hemos actuado como si la única parte de la Creación que importa es el ser humano. Sí, los humanos somos importantes, somos enormes comparados con la estructura interna de la materia y sus partículas fundamentales, pero al mismo tiempo somos diminutos y aparentemente insignificantes comparados con las estrellas y galaxias. Y recordemos que las cosas más grandes en el universo están compuestas de las más diminutas.

Existen muchas cosas sucediendo en el universo de las que no sabemos. El conocimiento que tenemos del mundo que nos rodea es minúsculo comparado a lo que sucede en realidad. Y a veces cometemos el error de pensar que la Biblia nos dará las respuestas a las dudas «científicas». La Biblia no es un libro de ciencias. Un libro de ciencias se vuelve obsoleto en dieciocho meses. La Biblia, en cambio, se ha mantenido vigente por miles de años. Aun así, con toda la autoridad y la veracidad que poseen, las Escrituras no contestan preguntas científicas de campos específicos, para eso tenemos que confiar en la ciencia.

No quiero ser malinterpretado como alguien que está tratando de poner a la ciencia por encima de la fe.

Creo que la fe está presente en el arte y la ciencia, porque lo que la ciencia descubra o el arte interprete como verdad, estará al final en el corazón de Dios. El filósofo Arthur Holmes decía que «toda verdad, es la verdad de Dios». ¡Qué bárbaro! ¡Vaya si tenía razón!

La ciencia es la única forma segura de entender cómo funciona el mundo natural, claro, tiene sus límites, y la teología también, pero cada una ofrece una respuesta en su campo. La ciencia estudia solo lo natural, no tiene la capacidad o la intención de estudiar o encontrar a Dios, este no es su objetivo, no es su meta.

La ciencia es el único camino al conocimiento de lo natural. Desde que Dios creó al hombre, la humanidad ha aprendido a través de la ciencia. Aun más, antes de comprender que lo que hacía se llamaba «ciencia», la humanidad descifraba la realidad a través de procesos intelectuales. Esta es una idea que todavía hoy muchos cristianos encuentran peligrosa, porque suponen que entonces se hace a Dios a un lado. Se cree que si nos volvemos a la ciencia para entender el mundo y resolver nuestros problemas, estamos de alguna forma relegando a Dios.

Hay preguntas que la ciencia no puede contestar, pero también hay muchas preguntas a las que la iglesia no puede dar respuesta. Sin embargo, no por eso una de las dos está fundamentalmente equivocada. La ciencia no puede ver más allá de lo que imagina que puede probar. La fe ve más allá de lo que se puede demostrar; y como son cosas que no se pueden «probar» por métodos científicos, la ciencia queda limitada, pero no invalidada.

Algunos piensan que hacer ciencia significa cuestionar a Dios en lugar de ser ciegamente obedientes a la Palabra de Dios. No obstante, la verdad es que hacer ciencia implica ser obedientes a las Escrituras.

Romanos 1:20 afirma: «Porque desde la creación del mundo las cualidades invisibles de Dios, es decir, su eterno poder y su naturaleza divina, se perciben claramente a través de lo que él creó, de modo que nadie tiene excusa». Y como veremos más adelante, los grandes científicos que hasta ahora hicieron los mayores descubrimientos del mundo creían que, como hijos de Dios, estudiar el universo era un llamado santo.

Aun así, muchos cristianos en los últimos cincuenta años han asumido que la ciencia es enemiga del cristianismo. Y me atrevería a decir que en muchos casos la iglesia ha propagado mitos y argumentos sin fundamento acerca de las ciencias. Aduciendo que el hombre «natural» no entiende las cosas del «espíritu», muchos enseñaron que estudiar era para el hombre «natural» y por lo tanto «carnal».

Esto castró intelectualmente a toda una generación de jóvenes cristianos que deberían haber integrado las filas de las facultades de ciencias, las cuales necesitan mucho de la influencia de la cosmovisión cristiana. De treinta a cuarenta años después (una generación), la ciencia llora la ausencia de los hijos de Dios en este campo. El ateísmo tan prevalente en el mundo científico es resultado en parte de la ausencia de los cristianos de las aulas de estudio y los laboratorios de investigación.

Nuestro alejamiento de las ciencias como cristianos pensantes ha contribuido al deterioro de nuestra sociedad. Las únicas «teorías» que se ofrecen en los ámbitos de las ciencias sociales, el comportamiento, la salud y la moral son formuladas en su mayoría por científicos claramente sin conocimiento de la ley de Dios.

Por ejemplo, la sexualidad es un tema en el que la iglesia cristiana siempre tiene algo que decir. Sin embargo, existen muy pocos expertos cristianos en la materia. El sexo tiene que ver más con lo que tenemos entre oreja y oreja que con lo que tenemos entre las piernas. Por eso se necesitan cristianos que estudien la ciencia del sexo según lo que sucede en el cerebro. No obstante, como aun no se puede «hacer el amor» solo con el cerebro, se necesitan cristianos y cristianas que también estudien los órganos sexuales y todo lo relacionado con la sexualidad, porque a Dios le interesa lo que tenemos entre las piernas tanto como lo que tenemos entre oreja y oreja. No se trata de un tema espiritual nada más, es igualmente un proceso natural, según Dios lo creó.

Para el cristiano, la plataforma intelectual y la plataforma espiritual deberían ser la misma. No es honroso al Dios que nos dio el intelecto pretender que lo «espiritual» es más importante que lo «natural». Esta actitud muchas veces se presenta sencillamente porque somos haraganes, y al no estudiar la ciencia nos sentimos intimidados por ella y lo que descubre.

Pareciera que muchos descubrimientos científicos cuestionan la autoridad de la iglesia o su liderazgo, ya que exponen que las cosas no son de la forma que se ha dicho. Esto está sucediendo cada vez más, en especial en campos como la física de partículas y la astrofísica. Sin embargo, los líderes de la iglesia no se deben ofender ni sentirse amenazados porque se cuestiona su potestad, pues lo que deben proteger no es su autoridad, sino la auditoría de la Palabra de Dios.

Los grandes científicos de los siglos dieciséis, diecisiete y dieciocho no se basaban solo en la Biblia para entender la naturaleza, ellos sabían que aunque la Biblia ciertamente contestaba las preguntas principales de la existencia del universo, no era un libro de «ciencia». De modo que empezaron a buscar sus respuestas sobre el funcionamiento de la naturaleza en la naturaleza misma. Comenzaron a colocar la evidencia «científica» por sobre el dogma religioso, y así como eso pone nerviosos a muchos líderes eclesiásticos hoy en día, la «ciencia» ponía muy nervioso al liderazgo religioso de ese entonces.

Muchas veces, cuando sentimos que la ciencia contradice nuestra fe, pensamos que la ciencia está equivocada, pero también puede ser que lentamente hayamos ido construyendo nuestra fe sobre interpretaciones que ofrecen un margen de error. Cuando la ciencia descubre algo que va en contra de lo que nosotros asumimos es la interpretación correcta de la Biblia, sentimos que la ciencia tiene como agenda negar la existencia de Dios. Sin embargo, el problema no está en la ciencia, sino en que tenemos creencias «tradicionales» que hemos importado de nuestros antepasados y no han sido puestas bajo el microscopio de una interpretación objetiva de las Sagradas Escrituras.

> NUESTRO ALEJAMIENTO DE LAS CIENCIAS COMO CRISTIANOS PENSANTES HA CONTRIBUIDO AL DETERIORO DE NUESTRA SOCIEDAD.

Sí, muchos científicos se han equivocado, pero muchos teólogos también. Desconfiamos de los teólogos «amateurs» para que nos den conclusiones acerca de la Biblia y Dios. ¿No deberíamos entonces también desconfiar un tanto de los científicos «amateurs» para que nos ofrezcan sus conclusiones acerca de cómo funciona al mundo? Es importante que si tenemos opiniones científicas, las basemos en lo que eruditos de rigor han descubierto, no en lo que algún aficionado escribió en un blog acerca de la Creación.

Las Sagradas Escrituras no son un tratado científico, y en algunos temas existe un margen de interpretación que permite llegar a conclusiones diferentes, aunque no opuestas. Dos personas pueden tener las mismas convicciones bíblicas profundas y al mismo tiempo compartir opiniones diferentes en cuanto a teorías científicas.

La ciencia siempre está evolucionando. Muchas de las ideas que hoy se investigan serán puestas a prueba y probablemente se descartarán porque estaban equivocadas o incompletas. Las descripciones científicas cambian constantemente conforme los eruditos cruzan fronteras cada vez más audaces y profundizan más en el conocimiento del universo. Los científicos buscan la forma objetiva de saber cómo funcionan las cosas en el universo y qué estructura física o proceso está detrás de lo observado.

El ejercicio diario que llevan a cabo los científicos es el de cuestionar constantemente sus propias ideas y teorías para comprobar su veracidad y sus implicaciones, lo cual los lleva a realizar descubrimientos. Cada descubrimiento es una verdad que los acerca a Dios, pero también es una verdad que puede cuestionar muchas de las creencias superficiales del cristianismo.

Por eso resulta importante que fortalezcamos nuestra fe, pero no podemos quedarnos ahí. Como cuerpo de Cristo debemos ser una vez más una potencia en lo que se relaciona con la ciencia. Debemos motivar a los hijos de Dios para que estudien y se preparen en las diferentes disciplinas científicas, de modo que el cristianismo tenga una voz en esos campos y no sigamos pretendiendo que porque nuestra fe es «poderosa» podemos opinar en materias que se deben estudiar rigurosamente en otros campos.

Como científicos «amateurs», muchas veces hacemos declaraciones que parecen importantes y hasta «bíblicas», pero que según la consideración de la ciencia real resultan cuestionables.

Por ejemplo, las «leyes» que se dice rigen el universo tienen grandes excepciones a nivel cuántico. El paradigma de afirmar que Dios estableció leyes para el universo está equivocado en lo que se relaciona con pensar que son leyes sin excepciones. Las leyes de Newton acerca de la mecánica, la energía y la materia no están equivocadas, siempre y cuando no viajemos al mundo subatómico. A un nivel atómico, las leyes de Newton no aplican, ya que sencillamente fallan. Por eso surgió la mecánica cuántica.

La ciencia clásica nos hablaba de que el átomo era indivisible (eso es lo que significa el término «átomo», «indivisible»). Sin embargo, ahora sabemos que el átomo está integrado por electrones y que en su centro contiene nucleones, que pueden ser protones o neutrones. Si pudiéramos observar dentro de un protón, encontraríamos los famosos quarks. Los quarks son tan extraños como su nombre. Ellos parecen adolescentes en un centro comercial y siempre andan en grupos. Lo que une a los quarks no es la moda ni el sexo opuesto, como a los adolescentes, sino «algo» que llaman el «gluon». El gluon es un tipo de «superpegamento» que mantiene a los quarks unidos, es parte de lo que se llama la «interacción nuclear fuerte», una de las cuatro fuerzas fundamentales en el universo. Separar dos quarks unidos por gluones resulta prácticamente imposible. Todo esto parece complicado y lo es... ¡y precisamente porque no lo entiendo es que no sigo escribiendo sobre el tema! Sin embargo, así como es de complicado, resulta igual de maravilloso, y para algunos de nosotros es fácil ver la firma de Dios no solo al admirar parte de la Vía Láctea en la noche y exclamar: «¡Cuán grande es él!», sino también al tratar de comprender los quarks y el gluon y reconocer que en las partículas más diminutas del universo él también demuestra su grandeza.

Por eso necesitamos la ciencia, para saber qué hay dentro de un átomo. Por eso necesitamos el arte, para que los que no somos científicos lo podamos entender en toda su belleza. Por eso necesitamos la fe, para que podamos encontrar a través de la ciencia y el arte la firma de Dios en todo lo que existe.

Spinoza, el filósofo holandés bautizado como «el gran racionalista», señaló que él podía ver una gran diferencia entre «religión» (fe) y «superstición». Afirmó que la superstición estaba fundada en la ignorancia y la religión en el conocimiento. Criticando a los cristianos, decía que muchos eran conocidos no por su fe ni por su piedad, ni siquiera por los frutos del Espíritu Santo, sino por sus opiniones. Que ellos defendían sus opiniones acerca de la fe y no a la fe misma, haciendo que tal fe, que era verdad, pareciera más una superstición. O sea, que al actuar como ignorantes, al no estudiar y prepararnos, bien podemos hacer ver como una superstición al cristianismo.

A veces parece que tenemos más fe en la fe que en Dios. Los grandes científicos, que lograron los mayores avances de la ciencia y creían en Dios, estudiaban el libro de la naturaleza, ya que su fe estaba en Dios, no en sus creencias. Ellos estaban dispuestos a cambiar sus creencias si las evidencias así lo exigían. Su fe en Dios era tal, que sus investigaciones no intentaban probar su existencia, sino que su deseo era comprender cómo operaba el universo que Dios había creado. Sus creencias podían cambiar, y en muchos casos fue así, pero su fe no, ya que estaba puesta en Dios mismo, no en la iglesia ni en la autoridad de sus líderes.

Es triste que como colectivo los cristianos hayamos prácticamente abandonado las ciencias, pues asumimos que hoy la intención de todo científico es probar que Dios no existe. Exigimos que la ciencia pruebe la existencia de Dios, sin embargo, no es para eso que está la ciencia.

En el ámbito científico se cuenta la anécdota de un biólogo marino que decidió estudiar la vida submarina en las partes más profundas del océano. Él usó una red con aberturas de seis centímetros. Dejó caer la red y dragó el suelo del mar. Cuando sacó la red, catalogó las criaturas más interesantes que sus ojos habían visto y publicó sus hallazgos. Al final de su informe, en las conclusiones, mencionó que había descubierto un hecho sorprendente: ¡En el fondo del mar no había criaturas que midieran menos de seis centímetros de largo!

La ciencia tiene sus límites. Dispone de herramientas precisas para casos precisos. El problema del biólogo marino era que no tenía las herramientas precisas para el estudio de criaturas más pequeñas de seis centímetros. Debemos tener cuidado al exigirle a la ciencia que compruebe la existencia de Dios, ya que puede ser que él «mida menos de seis centímetros de largo» y no quede atrapado en la red de la ciencia, concluyendo entonces erróneamente que Dios no existe o haciendo que la ciencia se rehúse a aceptar su existencia.

Nosotros los humanos, confinados al espacio y el tiempo, consideramos lo que sucede «fuera» de las leyes naturales que la ciencia conoce como milagroso o sobrenatural. Sé que será una gran sorpresa para muchos, pero me atrevo a afirmar que para Dios, que no está limitado al tiempo y el espacio, lo sobrenatural y milagroso no existe.

A veces los cristianos, que creemos en los milagros, hemos sido intransigentes con los científicos. Se nos olvida que todo lo que ellos conocen son las leyes naturales.

> ES TRISTE QUE COMO COLECTIVO LOS CRISTIANOS HAYAMOS PRÁCTICAMENTE ABANDONADO LAS CIENCIAS, PUES ASUMIMOS QUE HOY LA INTENCIÓN DE TODO CIENTÍFICO ES PROBAR QUE DIOS NO EXISTE.

Cuando Dios decide suspender temporalmente (por nanosegundos o días) las leyes naturales a fin de mostrar su poder, expresar un mensaje en particular o darnos a conocer su amor, los científicos están en su derecho de sospechar y ser escépticos.

A la ciencia no le interesan nuestras creencias, y pienso que eso nos enfada un poco a los cristianos. Sin embargo, esto es resultado de nuestra latente ausencia dentro del ámbito científico. Debido a que nos hemos «separado del mundo», quedamos aislados y a diferencia del pasado —prerrenacentista y renacentista— la fe cristiana ya no informa moralmente a la ciencia.

En Marcos 4, Jesús cuenta una historia que solo el Evangelio de Marcos narra. En el versículo 26, él comienza a hablar del Reino de Dios, pero dice algo maravilloso que ilustra lo que estoy tratando de explicar. Jesús afirma que el agricultor siembra una semilla y continúa con su vida, yéndose a dormir en las noches y en el día levantándose a trabajar. Mientras tanto, la semilla hace «lo suyo» y germina y crece. El hombre no sabe cómo crece la semilla, porque «la tierra da fruto por sí sola». El término que Jesús usa para expresar esta última frase es el mismo de donde proviene nuestra palabra «automático», y los eruditos del griego nos explican que él lo utilizó porque implicaba el hecho de que el grano crecía «sin nada visible que lo ayudara» o «sin intervención humana», refiriéndose a que era la mano de Dios la que le daba el crecimiento al grano.

Hoy sabemos por la ciencia cómo se desarrolla una semilla hasta que da fruto. Incluso, hemos clasificado su ADN y conocemos exactamente cómo funciona la semilla a nivel nucléico-celular y a nivel molecular y atómico. No obstante, ¿el hecho de que «ahora» sabemos estas cosas acerca del grano hace que el proceso resulte menos milagroso? No, pero para la mente científica es así, porque ahora lo puede explicar de una forma natural, aunque no deja de ser la mano de Dios la que da el crecimiento.

La ciencia no negocia, no acomoda sus leyes. ¡Son leyes! Así que cuando las mismas se suspenden o detienen, el paradigma y la estructura científica no tienen cómo ni dónde hacer encajar tal situación... y en lo personal no creo que deberían hacerlo, ya que la ciencia debe ser certera, si no nunca podríamos confiar en sus descubrimientos y conclusiones.

Cuando Dios realiza un milagro, la ciencia no tiene cómo medirlo y demanda una explicación «natural», porque el objeto de estudio de la ciencia es lo natural, no lo «sobrenatural». Un científico serio nunca va a aceptar que los milagros puedan suceder. Sin embargo, un científico serio que cree en el Dios creador y todopoderoso puede aceptar el milagro porque sabe que sucede «fuera» de las leyes que el mismo Dios estableció para el funcionamiento del universo y la vida que habita en él.

Por otro lado, siempre ha habido y habrá intelectuales con una agenda secular, y debemos aprender a refutarlos con conocimiento de caso. Buena parte de la ciencia y la filosofía fracasa cuando tratan de excluir de la verdad total de la Biblia lo sobrenatural. Quieren creer en Jesús, pero solo en un Jesús que se pueda explicar a través de la ciencia o la filosofía, cual parte del ser humano mismo. En su paradigma, no encaja una ecuación donde la verdad es exluyente y única. El argumento es que no hay un punto de referencia absoluto. Algunos van al extremo de decir que puede haber dos verdades. Insisten en que no existe un punto arquimédico dónde apoyarnos para ver y juzgar las cosas. Creo que muchos —no todos— sencillamente no quieren hacer nada que los pueda acercar a descubrir ese punto fijo. No quieren o no se aventuran (fe) a creer en un Jesús no limitado a lo que conocemos hoy como lo natural. Me atrevo a decir también que muchos no quieren explorar la posibilidad de que Dios existe porque saben que es un Dios moral, y en lo profundo de su corazón no desean ajustarse a una ley moral absoluta dada por el Gran Dador de la moral.

Por otro lado, en la narrativa de la ciencia siembre han existido espacios vacíos, lagunas que la investigación objetiva no llena y dan lugar a diferentes teorías y especulaciones. Siempre ha habido estas lagunas y siempre las habrá. Y muchas veces se ha argumentado que estos espacios vacíos en las explicaciones ofrecidas por la ciencia son prueba de la existencia de Dios. Pensamos que como la ciencia no los puede explicar, la conclusión inevitable es: «Tiene que ser Dios».

Esto es una equivocación, porque aunque ciertamente hay y habrá lagunas en la explicación científica, estas tienen que ver más con el hecho de que la ciencia «aún» no descubre lo que explica el fenómeno. No debemos tener miedo de lo que la ciencia descubra, porque lo que revele, sea lo que sea, está diseñado por el Creador. Lo que sí sucede es que esas lagunas, aunque no demuestren la existencia de Dios en sí, definitivamente pueden ser punteros hacia él... cosas que nos indican hacia dónde buscar si es a Dios al que deseamos encontrar.

Triángulos, cuerdas musicales y esferas
La historia del surgimiento y el desarrollo de la ciencia es maravillosa. Dios entretejió la historia con personajes fascinantes y circunstancias increíbles. También resulta interesante cómo la iglesia cristiana y la ciencia han caminado juntas, cómo se separaron, y cómo Dios ha permitido que una sirva a la otra.

Hay un personaje histórico muy colorido e interesante que en algunos círculos ha llegado a ser algo así como una leyenda urbana. Pareciera que a veces la historia se contradice con respecto a él, sin embargo, su fama es indiscutible. Él nunca escribió un libro, pero compendios y enciclopedias enteras han sido publicados acerca de sus enseñanzas y su vida.

Nació en un pueblo muy pequeño, de modo que muchos que vivían en ciudades más grandes se burlaban de su pintoresco pueblito. Este personaje nunca ocupó un puesto público, pero tenía muchos seguidores y una gran cantidad de personas se mantenía atenta a sus enseñanzas revolucionarias.

Él cambió la historia con su vida. Y miles de años después de su muerte, filósofos, artistas y científicos aún debaten sobre el impacto de su vida y la influencia de sus enseñanzas.

Una de las frases por la que más se le conoce es: «En todo triángulo rectángulo, el cuadrado de la hipotenusa es igual a la suma de los cuadrados de los catetos». (¡Una frase que recomiendo aprenderse de memoria a fin de citarla cuando estemos en una reunión y queramos dar la impresión de que somos más estudiados de lo que aparentamos!).

Sí, estoy hablando de Pitágoras, y esta frase constituye el famoso teorema que lleva su nombre, el Teorema de Pitágoras, el cual sencillamente sirve para resolver problemas de trigonometría y geometría. Tal enunciado ha sido utilizado por artistas plásticos a través de milenios, lo han usado los maestros de matemáticas para asustar a sus alumnos, y ciertas mentes brillantes aún lo emplean para resolver problemas que hacen avanzar a la humanidad hacia el progreso. Aunque algunos piensen que Pitágoras no lo descubrió y formuló, nosotros sabemos bien de dónde proviene. Las Escrituras afirman que por medio de Jesús «fueron creadas todas las cosas». Y eso incluye el Teorema de Pitágoras.

Claro está, Dios no se paró frente a un pizarrón negro para escribir con tiza blanca: «Si un triángulo rectángulo tiene catetos de longitudes a y b, y la medida de la hipotenusa es c, se establece que: $c^2 = a^2 + b^2$».

Sin embargo, proviene de Dios porque describe una verdad que ha ayudado a ateos, creyentes y todos los que se encuentran a lo largo del espectro de la creencia teísta. La verdad sí existe, y es una, y ayuda a toda la humanidad, no solo a aquellos que creen en Dios. Pitágoras, sus discípulos y todos los de su escuela no tenían que ser

NO DEBEMOS TENER MIEDO DE LO QUE LA CIENCIA DESCUBRA, PORQUE LO QUE REVELE, SEA LO QUE SEA, ESTÁ DISEÑADO POR EL CREADOR.

«cristianos» para descubrir verdades matemáticas, porque lo que ellos descubrieron, así como lo que todo científico halla al descubrir algo nuevo y maravilloso de la naturaleza, sencillamente fue creado en y por Jesús (véase Colosenses 1:16).

Aunque es conocido por su nombre, probablemente el Teorema de Pitágoras no le pertenece a él, sino a alguien más. Algunos historiadores afirman que lo más probable es que el matemático indio Baudhāyana lo escribiera en el 800 a. C. Se cree que los antiguos egipcios y también los arquitectos babilónicos ya lo conocían y lo usaban. Así que lo más factible es que Pitágoras comprobara el teorema y lo popularizara en el mundo griego.

De igual forma, la influencia de Pitágoras ha sobrevivido la historia y se deja ver más allá de la ciencia, en la expresión artística de lo visual y lo musical. El arte barroco y renacentista (música, pintura, arquitectura, etc.) tiene la influencia de Pitágoras como fondo y lienzo.

Pitágoras desarrolló una cosmovisión en que las matemáticas y la religión estaban vinculadas por completo. Percibió belleza en la teoría de los números y vio su hipótesis matemática traducida en belleza musical. A partir de ese concepto desarrolló un punto de vista de la realidad basado en números y formas. Él hablaba de que el universo «vibraba» y debido a esa vibración los planetas producían sonidos. Creía que la Tierra era una esfera, no como resultado de la experimentación, sino sencillamente porque pensaba que la esfera era la forma más perfecta que existía, de modo que la Tierra debería tenerla.

Adelantándose a su tiempo, Pitágoras pensaba que la Tierra no estaba al centro del universo ni permanecía estática. En una época peligrosa para proponer paradigmas diferentes en cuanto a cómo funcionaba el universo, Pitágoras propuso que la Tierra se movía y era parte de un sistema más grande.

Pitágoras impactó no solo el pensamiento científico que florecería dos mil años después de su muerte, sino también impactó el pensamiento cristiano de formas profundas, ya que veía una división entre lo material y lo espiritual. Esto ayudó a entender que había algo «natural» y que era creado.

Como suele suceder con los genios y los que proponen ideas diferentes, a Pitágoras no le fue bien con el liderazgo establecido de sus días. Tenía sus fuertes detractores, aunque muchos eran de aquellos que sencillamente atacan a la persona y no sus ideas.

Era un tipo raro. Siendo medio místico y con creencias raras acerca del alma y la vida después de la muerte, nadie mejor que él encarna la mezcla del genio y el loco. Era algo así como un ambientalista y vegetariano, de modo que no me sorprendería verlo en las protestas de *Green Peace* si viviera hoy en día.

Se dice que Pitágoras fue el primer «filósofo». El mundo está en deuda con él, porque se cree que acuñó esta palabra. Antes de Pitágoras, a los pensadores, investigadores y primeros científicos se les conocía como «sabios», eran «aquellos que sabían». Pitágoras tenía una opinión acerca del caminar en la vida que muchos cristianos tal vez haríamos bien en adoptar. Él fue humilde, y en lugar de hacerse pasar por un experto en la verdad de las cosas, definió la palabra «filósofo» como «aquel que está tratando de saber». Veía la búsqueda de la verdad como algo que se persigue durante toda la vida.

Es interesante aclarar que Pitágoras no era matemático como muchos creen, sino tropezó con las matemáticas porque las veía como una forma de purificar el alma. Él conectó la música con las matemáticas y encontró que los intervalos entre las notas podían ser expresados en términos numéricos.

La longitud, la tensión y el grosor de una cuerda es lo que determina la clase de sonido que la misma produce cuando se toca. Si una de estas variables cambia, el tono que escuchamos cambia también, porque la frecuencia con la que la cuerda vibra será diferente. Para el músico de hoy en día esto no es sorpresa. Incluso él no tiene que conocer todas las leyes físicas que tienen lugar detrás de tan solo «tocar una cuerda». Sin embargo, en la época de Pitágoras este conocimiento era algo sorprendente para muchos y amenazador para otros. Pitágoras sugirió que al dividir una cuerda en ciertas proporciones, la misma era capaz de producir sonidos que el oído encontraba placenteros. Números y belleza podían ser uno, por lo tanto, el mundo emocional y el físico podrían describirse con cifras sencillas.

Pitágoras contribuyó a la ciencia y el arte de formas únicas. Sus aportes han servido como una base sobre la cual la ciencia y el arte se desarrollarían hasta llegar a ser lo que hoy conocemos. La voz de Dios fluyó por la mente curiosa de Pitágoras para permitir que la humanidad gozara de los beneficios de sus teorías y descubrimientos.

¡Hoy en día todas las orquestas sinfónicas del mundo tocan con Pitágoras! Su descubrimiento sobre las relaciones de los números enteros con los tonos musicales hace de la música algo así como la matemática en movimiento.

«La música es un ejercicio aritmético secreto y la persona que se entrega a ella no se da cuenta de que está manipulando números», fue la conclusión de Leibniz, un filósofo y matemático alemán que tenía el pelo negro, rizado y tan largo, que hoy en día en la iglesia seguro lo hubiéramos criticado.

Me fascina Leibniz, que también fue teólogo y un gran apologeta (soy algo así como un adicto a las personas que son expertas en un área, además de ser teólogos y hombres y mujeres de Dios). Él constituye una gran inspiración, ya que siendo un hombre piadoso contribuyó enormemente a la humanidad en calidad de matemático, pues definió los términos «función» y «coordenadas» y, tal vez su aporte más importante, designó el símbolo de igual (=) para relacionar entidades equivalentes.

En fin, al estudiar la historia solo podemos concluir que Pitágoras fue un siervo de Dios en el sentido de que cumplió los designios divinos. Cuando el científico, investigador e inventor declara una verdad descubierta por medio de su proceso de investigación, los propósitos de Dios se están cumpliendo en bien de la humanidad.

Los cristianos debemos celebrar la verdad sin importar quién la descubra o la diga. La verdad siempre será beneficiosa para el hombre. Y ya sea que se desarrolle una nueva tecnología, se encuentren nuevos planetas, o se descubra una nueva medicina, Dios tiene su corazón puesto en la ciencia, ya que es la forma en que el libro sagrado de la naturaleza revela la existencia de su Creador.

Es probable que sin Pitágoras no tuviéramos matemáticos, y hoy hay una gran necesidad de que los cristianos se involucren en este campo de estudio. La matemática es efectiva en el universo. La matemática funciona como absoluto para describir el mundo que nos rodea, y eso apunta a la existencia de Dios.

A veces pienso que el matemático, incluso más que el músico, posee herramientas más elegantes y exactas para la alabanza y la adoración.

La matemática puede describir el comportamiento de los átomos y las partículas subatómicas. Puede describir con certeza que la singularidad de un agujero negro es astronómicamente pesada e infinitamente pequeña. Puede, en un lenguaje literalmente universal y exacto, describir con belleza y sensualidad cómo se comporta la energía y la materia que Dios creó.

> LA VOZ DE DIOS FLUYÓ POR LA MENTE CURIOSA DE PITÁGORAS PARA PERMITIR QUE LA HUMANIDAD GOZARA DE LOS BENEFICIOS DE SUS TEORÍAS Y DESCUBRIMIENTOS.

La Biblia comienza diciendo: «Dios, en el principio, creó los cielos y la tierra». Analicemos un poco la terminología de esta frase: «*principio*», tiempo; «*creó*», energía; «*los cielos*», espacio; «*la tierra*», materia. Y cada una de estas cosas puede ser descrita por la matemática. Solo la matemática puede describir con exactitud sensual y con belleza universal cómo se comporta la energía y la materia, el tiempo y el espacio que Dios creó.

Sé Gutenberg

Muchos años después de que Pitágoras viviera, la humanidad entró en una época a la que le llaman la Edad Media. ¡Y esta época ha sido víctima de las malas relaciones públicas! Se le ha dado mala fama como un tiempo aburrido, sin colorido, de música rara, atuendos chistosos y gente que no se bañaba.

No es la postura popular, pero a la verdad yo no me subscribo a la idea de que la Revolución Científica tuvo lugar cuando dicen que sucedió. Creo que la supuestamente aburrida e improductiva época medieval fue la que dio paso a la Revolución Científica. Los eruditos de esa era no llenaban todos los requisitos que hoy tenemos para poder acreditarse el carné de «científicos», pero fueron los que genuinamente abrieron las compuertas de un caudal poderoso, aunque silencioso, de conocimiento.

El Oscurantismo o la Edad de las Tinieblas fue un período que transcurrió durante esta época. Estos nombres son como apodos puestos por niños sabelotodos en la escuela. Durante este período, la iglesia mantenía a la gente en la oscuridad en lo que respecta al conocimiento. La Palabra de Dios solo se podía leer en latín, y este era un idioma que no se les enseñaba a las personas comunes. Si embargo, Dios no permaneció quieto ni callado. La verdad busca siempre la salida y está deseosa de ser encontrada. Pablo declaró: «La palabra de Dios no está encadenada» (2 Timoteo 2:9).

El ambiente intelectual, la fundación de universidades, así como el hecho de que los teólogos cristianos promovían la tolerancia hacia la filosofía natural (la ciencia), fueron elementos medievales que fecundaron con solidez ideas poderosas que después florecerían en la ciencia que hoy conocemos.

Por el año 990, Fulberto de Chartres, un líder eclesiástico intelectual, fundó la Escuela de Chartres. Este era un recinto bíblico-académico auspiciado por la iglesia. Fue fundado para permitir el estudio libre de la filosofía natural (la ciencia) y alcanzó su máxima expresión formativa al final del siglo once y principios del siglo doce. El concepto de «universidad» estaba en su infancia, pero su influencia ya era poderosa en la sociedad.

Esta universidad «cristiana» ciertamente era una fuerza cristiana intelectual dedicada a «bendecir» a todo el mundo, no solo a la iglesia, y Dios estaba presente en toda materia, porque en cierta forma la teología era la reina de las ciencias. Esto no quiere decir que comenzaban todas las cátedras con oración y relegaban el rigor intelectual como algo secundario a las actividades espirituales. Era todo lo contrario a un dualismo académico, ya que estudiaban con profundidad la materia porque comprendían que Dios era el Creador de todo lo que hay y por lo tanto había que estudiarlo con disciplina. El resultado, a diferencia de la creencia histórica popular, fue un ambiente abierto donde la investigación, el cuestionamiento y el debate no solo eran tolerados, sino estimulados.

Esto produjo una contribución sorprendente a la ciencia y la humanidad. Mentes brillantes egresaron de la Escuela de Chartres, mentes que con una cosmovisión cristiana y estudios profundos en la filosofía natural empujaron a la raza humana hacia adelante.

El mundo está endeudado con los antiguos alumnos de esta grandiosa universidad «cristiana». Científicos-teólogos como Alberto el Grande, una de las mentes más brillantes que la Edad Media haya producido, literalmente cambiaron el rumbo de la historia. ¿Y por qué nos ha de sorprender si en Jesucristo «están escondidos todos los tesoros de la sabiduría y del conocimiento» (Colosenses 2:3)? Intelectuales como él encontraban en el estudio de Jesucristo y la fe en Dios la razón más poderosa para investigar, cuestionar y debatir cómo funcionaba la Creación.

La influencia de Alberto el Grande aún nos rodea. Siendo maestro y mentor de Tomás de Aquino, un alumno un tanto más famoso que él, a Alberto se le conocía como uno de los padres de la investigación biológica de campo, o sencillamente la biología. Como todos los científicos de su época, él abordaba la alquimia y la astrología, lo cual no invalida de ninguna manera su fe en Dios ni su contribución a la ciencia.

La Edad Media fue como una plataforma de lanzamiento en el ámbito intelectual y tecnológico. Las contribuciones a la humanidad de nuestros antepasados medievales han sido minimizadas por Hollywood y la narrativa histórica ligera.

Tecnologías como el arado pesado y el molino de agua parecen invenciones irrelevantes para nosotros que vivimos en un mundo hecho de ceros y unos. Sin embargo, constituyeron avances tecnológicos de gran magnitud para la humanidad que fueron aportados desde la Edad Media.

El reloj de arena era imprescindible para la navegación desde el siglo once. Hoy no le damos valor alguno, pues solo con voltearnos tenemos a la vista en algún lugar cercano un reloj electrónico que marca el estrés de nuestras vidas. Y así muchas otras cosas por el estilo —como los lentes para leer, el reloj mecánico y una gran cantidad de otros inventos— fueron puestas al alcance de la humanidad gracias a la ingeniería medieval y la creatividad del mundo cristiano, que en áreas como la tecnología, la arquitectura, la agronomía y la mecánica estaba por lo general mucho más adelantado que las culturas asiáticas, romanas, islámicas y helénicas.

Tenemos poca apreciación hoy en día por las grandes contribuciones a la tecnología y la mecánica que cristianos creativos y brillantes hicieron durante el período del Oscurantismo o la Edad de las Tinieblas. Si alguna vez hubo cristianos que encarnaron a cabalidad las palabras de Jesús en Mateo 5 acerca de «ser luz», fueron nuestros hermanos de la época medieval. Es justicia poética: en la Edad de las Tinieblas, los cristianos seguidores de Jesús brillaron inventando la tecnología necesaria para mejorar su mundo y creando un arte maravilloso para adornarlo. ¡Vaya! ¡Cuánto necesitamos que los seguidores de Jesús hagan hoy lo mismo que nuestros hermanos del período del Oscurantismo, que brillen en el arte y la ciencia como una ciudad en la noche, para que los que anden perdidos en el desierto encuentren el camino!

La rueda hidráulica la menciona por primera vez un griego que quería ser poeta, quien como todo poeta griego tenía un nombre exótico: Antipater. Allá por el año 400 a. C., él habla de una rueda hidráulica que le haría más fácil el trabajo a las mujeres. Sin embargo, no es en realidad hasta la cúspide de la Edad Media que las ruedas hidráulicas maduraron hasta convertirse en una enorme contribución tecnológica al desarrollo de la sociedad. Fue un grupo de adoradores los que transformaron las ruedas hidráulicas en un fenómeno tecnológico. Los monjes de la orden del Císter, además de cantar a diario adorando a Dios, estudiar metódicamente la Biblia y vivir las disciplinas espirituales, eran trabajadores incansables. Siendo genuinos innovadores e inventores, nuestros hermanos implementaron en estos monasterios los engranajes para crear literalmente «máquinas» que movidas por la fuerza hidráulica molían granos, activaban levas y movían martillos para el batanado de la lana y ablandar el cuero y otras pieles. También «automatizaron» la prensa de aceite, la sierra para madera y los fuelles para los hornos.[1]

> SI ALGUNA VEZ HUBO CRISTIANOS QUE ENCARNARON A CABALIDAD LAS PALABRAS DE JESÚS EN MATEO 5 ACERCA DE «SER LUZ», FUERON NUESTROS HERMANOS DE LA ÉPOCA MEDIEVAL.

Probablemente el primer empresario tecnológico fue Johannes Gutenberg. Tal vez su invención resulte muy primitiva para aquellos que hoy se hacen pasar por diseñadores gráficos y los que nos las damos de escritores y editores, sin embargo, resultó determinante para toda la humanidad. No estoy seguro si los futuros historiadores dirán algo similar de nosotros.

Gutenberg creó una industria que antes no existía, y algunos historiadores indican que probablemente fue el génesis de la era de la industrialización. Él cambió su mundo y el nuestro.

Albert Kapr, el aclamado diseñador de tipos (fuentes de letras), calígrafo y escritor, dice en su biografía de Johannes Gutenberg: «No era solo un gran inventor y un importante artista de libros; lo consideramos un emprendedor que reconocía las ventajas de la manufactura, la división del trabajo y la racionalización de la producción, y como alguien que no tenía miedo de asumir riesgos».[2]

A través de la prueba y el error, Gutenberg halló la grandeza y nos alcanzó. Hoy podemos leer la Biblia y otros libros, tanto en páginas de papel como en la pantalla, gracias a que Gutenberg no desistió y llevó a cabo su proyecto.

Un historiador dice que la imprenta era una invención que estaba esperando suceder. Alguien lo iba a lograr. Todo estaba listo. Dios, involucrado en los asuntos del hombre, permitió el intelecto y dio la sabiduría para que la imprenta surgiera.

En el siglo siete los romanos desarrollaron un alfabeto mucho más simple que los demás alfabetos conocidos, permitiendo la facilidad de composición. Los chinos tenían uno muy complicado (¡aún lo es!), lo mismo que los árabes. En China se había inventado el papel en el año 105 a. C. Y la verdad es que algunos libros ya se habían hecho antes en Asia: los confeccionaban con bloques o trozos de madera. Sin embargo, los sistemas de escritura de Asia eran tan complejos que no alcanzaron la popularidad.

La imprenta era una tecnología de gran envergadura. Gutenberg, o quien la fuera a inventar, necesitaba una amalgama de conocimientos impresionante. Para empezar, precisaba ser letrado, pues era imperativo conocer la literatura y haber leído las grandes obras escritas hasta el momento. Tenía que ser creativo e ingenioso. Debía ser un diseñador y dibujante. Resultaba necesario que supiera de finanzas y empresas, puesto que tenía que invertir, prestar capital y vender. La tecnología detrás de la imprenta en sí requería conocer los principios de la mecánica para el uso de la prensa y algo de química a fin de tratar con el papel y la tinta. Se precisaban conocimientos de metalurgia, ya que había que derretir metales y verterlos en moldes a altas temperaturas. Luego había que llevar a cabo un proceso de enfriamiento calculado a temperaturas específicas. Y todo esto para lograr un solo carácter, una sola letra o símbolo. A fin de imprimir la primera Biblia, Gutenberg tuvo que fundir alrededor de doscientos noventa caracteres, realizando este proceso para cada uno.

Además de científico, debía ser artista, ya que colocar las letras para la impresión resultaba ser un trabajo artesanal a fin de producir un producto gráfico. Los historiadores dicen que las Biblias que Gutenberg imprimió eran tan exquisitas que se asemejaban más a una obra de arte que a un libro acerca de lo espiritual. A la verdad, lo espiritual siempre es artístico.

De modo interesante, como todo lo que es genuinamente influyente, el verdadero impacto de Gutenberg no se empezó a sentir sino hasta más o menos cien años después. La historiadora Elizabeth Eisenstein explica que resulta impresionante que los talleres de Gutenberg y otros «impresores» que comenzaron a surgir eran más que lugares de impresión de libros. Esos talleres se convirtieron en puntos de reunión de artistas, escritores e intelectuales. Eran centros de intercambio cultural. Sí, a una pequeña escala según lo que hoy tenemos, pero de un alto impacto para la sociedad del momento y la futura.[3]

El impacto de Gutenberg como científico y artista medieval fue más allá de la «impresión de libros». Él posibilitó un cambio profundo en la forma en que el mundo sería. No solo cambió la escritura, sino también la política, la religión y la educación.

Hay historiadores que dicen que Gutenberg fue el inventor de la plataforma más importante de la humanidad, y no creo que estén lejos de la verdad. Sobre esa plataforma, muchos revolucionarios se han parado. Desde científicos, pasando por artistas y políticos, hasta llegar a la educación, la religión y la fe cristiana, todos, todos, han usado la invención de Gutenberg como una plataforma para diseminar sus ideas.

El escritor Jeff Jarvis, en su libro *Gutenberg the Geek*, dice que es imposible estudiar a Gutenberg y no pensar en Steve Jobs.[4]

Gutenberg, en su día, cambió la forma de diseminar las ideas de una manera que solo podemos comparar hoy con el nacimiento de la Internet y las redes sociales. La imprenta, como toda tecnología, se puede usar para el mal o para el bien; en ese sentido la tecnología no toma bandos. Sin embargo, se necesitan hombres y mujeres que sean como Gutenberg e inventen tecnologías que otros puedan usar para el bien.

El movimiento de la Reforma básicamente dependió de la nueva invención de la imprenta para comunicar sus ideas. Himnarios, libros, traducciones de la Biblia, panfletos y libros de doctrina se imprimieron y distribuyeron por toda la región. La uniformidad de las nuevas ideas cristianas era una forma poderosa de lograr la oposición.

Gutenberg desempeñó un papel importante en la historia de la humanidad, contribuyendo a través de su invención a la comunicación de Dios con el ser humano. Te desafío a que seas parte de cómo Dios habla e interactúa con la humanidad. Te desafío a que estudies, seas diligente y cambies la historia. Te desafío a que asumas riesgos e inventes. Te desafío a que desarrolles la próxima plataforma, algo tan importante como la imprenta. Te desafío a que seas Gutenberg.

Revolucionarios peligrosos

En la actualidad, cuando un libro vende mucho, se le considera «influyente». Sin embargo, no puedo pensar en un libro cristiano hasta hoy en día que haya tenido la influencia que tuvo uno que se publicó en 1543, *De Revolutionibus Orbium Coelestium* [De las revoluciones de las esferas celestes]. Este libro literalmente cambió todo, transformó el universo tal como se conocía. Hoy el mundo es diferente gracias a un callado y humilde investigador cristiano, que mientras que de día atendía gratuitamente pacientes en un hospital, de noche contemplaba el cielo y especulaba con un modelo heliocéntrico del sistema solar, considerado uno de los modelos más importantes de la ciencia.

Nicolás Copérnico (1473-1543), un «humilde siervo del Dios altísimo», como él mismo se describía, vivió una vida muy prolífera, contribuyendo al Reino de Dios como pocos lo han hecho en la historia. Él fue un hombre con una mente fértil llena del conocimiento bíblico, que sacudió al mundo de la ciencia y a la misma iglesia cuando en el año de su muerte publicó sus hallazgos en *De las revoluciones de las esferas celestes*. La afirmación de que los planetas y el Sol no giraban alrededor de la Tierra resultó una declaración insólita que le quitó el sueño al establecimiento científico y el liderazgo eclesiástico.

Copérnico, que conocía las teorías de Pitágoras y había estudiado en varias universidades cristianas, fue heredero de una larga tradición escolástica cristiana en lo que respecta al estudio matemático y teórico en los campos de la astronomía y la ciencia del movimiento. Esta tradición intelectual cristiana había estado construyéndose durante los últimos tres a cuatro siglos.

El dogma en ese entonces era que la Tierra estaba rodeada de estrellas estáticas y constituía el centro del universo. El libro que Copérnico escribió exponía una verdad científica que contradecía ese «dogma» tradicional de la iglesia. Los descubrimientos de Copérnico eran realmente revolucionarios, y algunos historiadores han dicho que fue como si una luz se encendiera en la cultura, aunque la iglesia sentía que se la estaban apagando.

Este fue el primer gran desafío a las creencias tradicionales del cristianismo. Copérnico, al estudiar los cuerpos celestes desde su estudio en un convento de Polonia, se dio cuenta de que había dogmas en la iglesia que no eran coherentes con la verdad observada. Pareciera irónico que un cristiano desafiara las ideas del cristianismo, pero no era eso lo que estaba sucediendo. Copérnico había publicado sus hallazgos y esos datos contradecían lo que la

> GUTENBERG DESEMPEÑÓ UN PAPEL IMPORTANTE EN LA HISTORIA DE LA HUMANIDAD, CONTRIBUYENDO A TRAVÉS DE SU INVENCIÓN A LA COMUNICACIÓN DE DIOS CON EL SER HUMANO.

iglesia afirmaba que era la verdad. De modo que Copérnico no estaba oponiéndose a la verdad ni cuestionando la inerrancia bíblica, sino solo presentó sus descubrimientos acerca de los cuerpos celestes, los cuales contradecían lo que se suponía era «la verdad».

La iglesia consideraba que las ideas de Copérnico contradecían la interpretación bíblica de una Tierra estacionaria en el centro del universo, una interpretación que era importante para la autoridad papal, ya que si la Tierra era el «centro» e «inmovible», en ese «centro inmovible» la iglesia a su vez constituía el punto central. Así que las autoridades eclesiásticas no lucharon entonces debido a que una verdad bíblica estaba siendo desafiada, sino porque su soberanía se veía cuestionada, y al hacerlo, perdieron autoridad en el campo del conocimiento.

Claro está, ahora es obvio para todos que Copérnico no contradecía la verdad bíblica, sino una interpretación muy ligera y equivocada de la verdad que la Biblia expone.

A pesar de todo, la iglesia permitió que las ideas de Copérnico se publicaran, y lo hizo porque creía que a la larga se iba a comprobar que sus conclusiones estaban equivocadas. No obstante, la iglesia no contó con que años después otros prácticamente inventarían la ciencia necesaria para corroborar las ideas de Copérnico.

En realidad fueron estos conceptos de Copérnico los que enfrascaron a la iglesia y al cristianismo en una lucha por la verdad, comenzando así uno de los períodos más oscuros y tristes de la ciencia.

Un líder eclesiástico ha dicho que la razón por la cual esto fue una tragedia se debe a que la iglesia está compuesta de seres humanos que no quieren aceptar que se han equivocado. Y es cierto, la iglesia católica de entonces, así como la iglesia cristiana de hoy, estaba liderada por seres humanos imperfectos que se equivocaron y aún se equivocan. Sin embargo, el problema no está en errar, sino en no querer aceptarlo.

Algunas ideas que contradecían al Vaticano fueron propuestas, y para mediados del siglo dieciséis el movimiento de la Reforma ya acusaba al Vaticano de olvidar la Biblia como referencia absoluta. En reacción a esto, la iglesia católica publicó que cualquiera que contradijera la doctrina católica sería considerado hereje. Intelectuales, investigadores y cualquier persona que especulara sobre el orden de la naturaleza podría ser acusado de herejía, lo que significaba la tortura y la muerte.

En Torún, Polonia, el pequeño pueblo donde nació Copérnico, se levanta una estatua que lo inmortaliza, en cuya base se lee: «*Nicolaus Copernicus, Thorunensis, Terrae Motor Solis Caelique Statop*». Citando lo escrito en el monumento, el premiado astrónomo de Harvard, Owen Gingerich, declaró: «Fue Copérnico quien nos enseñó con su obra lo frágiles que pueden ser los conceptos científicos consagrados por la tradición [...] él detuvo el Sol y puso a la Tierra en movimiento». ¡Ah, que Dios le permita a la iglesia latinoamericana de hoy producir de entre esta generación de jóvenes cristianos un científico revolucionario y peligroso, tan audaz que la historia diga de él o ella: «Detuvo el Sol y puso a la Tierra en movimiento»!

Copérnico, como la mayoría de los hombres de fe que estudiaban el universo, trascendió más allá de su tiempo. Una persona verdaderamente influyente es aquella cuya vida e ideas siguen transformando la cultura años después de su muerte. En la actualidad podemos tener una mayor libertad de pensamiento, y la revolución que Copérnico comenzó continúa. Hoy seguimos explorando las regiones más lejanas del cosmos y estamos teorizando acerca de universos paralelos y dimensiones indescriptibles. Todo esto hace que el ser humano cada vez sea menos la figura central, y para aquellos que creemos en los perfectos propósitos de Dios, nos permite entender todavía más las palabras del Salmo 8.

Años después de la muerte de Copérnico, Giordano Bruno (1548-1600), un teólogo que estudió el universo basado en las ideas de Copérnico, propuso que el Sol era una estrella sencilla y el universo estaba lleno de planetas como la Tierra que probablemente se encontraban poblados. Esto le aseguró la muerte. Lo amarraron a una estaca y lo quemaron vivo. Su delito: proponer que habían muchos otros planetas habitados por otros seres, ya que esto obligaba a cuestionar la soberanía del Papa. ¿En cuántos planetas sería el Papa la autoridad suprema?

La historia cuenta que cuando fue sentenciado a «muerte por fuego», Bruno le dijo a sus jueces con el tono de un militante político irreverente: «Probablemente ustedes, mis jueces, pronuncian esta sentencia con mayor temor del que yo tengo al recibirla».

La muerte de Bruno a manos de la Inquisición fue un golpe del cual, luego de quinientos años, la iglesia y la ciencia no han podido recuperarse.

Nueve años después de que quemaran a Bruno, la iglesia se vio frente a un nuevo invento: el telescopio. Y fue Galileo el que le dio una aplicación práctica a esta invención revolucionaria, usando de manera sorprendente la tecnología. La forma en que utilizó el instrumento cambió totalmente el modo de «hacer ciencia». El propio Galileo no fue el que inventó el telescopio, sino un holandés llamado Hans Lippershey, utilizándose para espiar a otros holandeses y vendiéndose como una novedad de feria. Galileo fue uno de los primeros que dedujo que el instrumento podía ser una herramienta poderosa para observar los cuerpos celestes que Dios había creado. Este hombre de Dios mejoró el telescopio, logrando que magnificara los tamaños en veinte veces. ¡Espectacular! Uno de los científicos más celebrados en la historia de la humanidad, creyendo que Dios le había dado al hombre intelecto, tomó un juguete de carnaval y lo convirtió en un instrumento que cambió el mundo científico para siempre. Hoy no tendríamos el telescopio Hubble si no fuera por este revolucionario lleno de fe en Dios.

Los jesuitas recibieron a Galileo como un héroe cuando presentó el nuevo aparato. Lo que la iglesia no sabía era que el nuevo invento demostraría sin lugar a duda que las ideas de Copérnico y Bruno eran acertadas. El telescopio comprobó que la Tierra no estaba al centro del universo de Dios.

El problema para la iglesia fue que Galileo era el primer científico que basaba sus teorías en evidencias prácticas, no en procesos de análisis y suposiciones. Es decir, las evidencias no podían ser refutadas porque se hallaban ante los ojos de todos. Una vez más, lo que estaba siendo desafiado no era la verdad bíblica, sino lo que el liderazgo de la iglesia consideraba que era la verdad.

La iglesia motivaba y patrocinaba a filósofos e intelectuales a fin de que propusieran sus ideas, pero siempre y cuando fueran solo eso: ideas. Galileo, por el contrario, propuso la verdad.

Galileo descubrió una forma de probar a través de la experimentación si las ideas eran correctas o no. Hasta ese entonces, las únicas ideas eran las que proponía la iglesia, y esas no se debían cuestionar. De modo que cuando la ciencia comenzó a producir datos exactos, la iglesia no supo qué hacer con ellos.

Antes de Galileo, la ciencia se basaba en la mera observación y las conjeturas por análisis. El modelo aristotélico era la única forma que las personas tenían para entender al mundo. Galileo se rehusaba a basar su investigación en un *«mondo di carta»*, un mundo de papel, queriendo dar a entender que se trataba de un entendimiento muy superficial. Lo que él deseaba era estudiar el *«libro della natura»*, es decir, el libro de la naturaleza.

> TODO ESTO HACE QUE EL SER HUMANO CADA VEZ SEA MENOS LA FIGURA CENTRAL, Y PARA AQUELLOS QUE CREEMOS EN LOS PERFECTOS PROPÓSITOS DE DIOS, NOS PERMITE ENTENDER TODAVÍA MÁS LAS PALABRAS DEL SALMO 8.

Esta nueva forma de probar las ideas es lo que constituye básicamente la experimentación científica, y por medio de ella la ciencia ha transformado al cristianismo durante los últimos cuatrocientos años. Sin embargo, es importante tener en cuenta que las evidencias de la naturaleza que la ciencia ha descubierto no han contradicho la Biblia, sino las interpretaciones que el hombre ha hecho de las Escrituras. Y por lo general, han refutado lo que el hombre ha usado apoyándose en la Biblia para mantener el control sobre los demás, diciéndoles cómo deben vivir y comportarse, algo que solo se agudizará con los nuevos y maravillosos descubrimientos en el futuro cercano. Si Galileo estremeció al liderazgo de la iglesia en los siglos dieciséis y diecisiete, solo me puedo imaginar lo que sucederá cuando jóvenes cristianos de mentes brillantes expongan ante el mundo sus nuevos e increíbles hallazgos.

En una carta a una dama coqueta y famosa, Cristina de Lorena, duquesa de Toscana, Galileo escribió: «Yo creo en primer lugar que es piadoso y prudente afirmar que la Santa Biblia nunca puede hablar no-verdad, siempre y cuando se comprenda su significado». Galileo y otros científicos modernos pensaban que era imposible que las ciencias y la Biblia se contradijeran si las palabras eran interpretadas de forma correcta.

Junto con Galileo, alguien que promovió el progreso de la ciencia y la llevó a nuevos niveles fue Sir Francis Bacon. Él era un científico que a través de la razón podía encontrar en la naturaleza la firma de Dios.

Bacon tenía una cosmovisión cristiana clara acerca de las artes y la ciencia: «Debido a la caída, el hombre fue despojado al mismo tiempo de su estado de inocencia y del dominio que le fue dado sobre la naturaleza. Sin embargo, ambas pérdidas pueden, incluso en esta vida, ser reparadas en parte; la primera mediante la religión y la fe, y la segunda mediante las artes y la ciencia». Bacon quería decir que perdimos el dominio que nos fue dado sobre la Tierra, pero podemos recuperarlo a través de las artes y la ciencia.

La cita anterior ha sido tomada del libro *Novum Organum Scientiarum* [Nuevo instrumento de ciencia], la obra filosófica de Bacon, que publicó en 1620. Uno de los primeros científicos modernos, un hombre que «escuchaba» la voz de Dios en la naturaleza, tomó pluma y papel y escribió un manifiesto monumental, introduciendo una forma revolucionaria de pensamiento científico. Él buscaba romper con los métodos aristotélicos que por siglos se habían enraizado en Europa.

Fue un tratado que desafió el paradigma establecido del momento en cuanto a cómo practicar la filosofía natural, como se le llamaba a la ciencia en sus albores.

En la Librería del Congreso de los Estados Unidos de América hay una copia de *Novum Organum Scientiarum* bajo la sección «Colecciones europeas». La página del título de este libro constituye una obra de arte descriptiva del sentimiento de Bacon. Ostenta el dibujo de una carabela pasando en medio de los míticos Pilares de Hércules (el estrecho de Gibraltar), dejando las aguas seguras del Mediterráneo y arriesgándose en aguas «desconocidas». El galeón va rompiendo las aguas entre los pilares abriéndose paso. Este es el modo de Bacon de decir que había que romper los modelos científicos antiguos y darle paso a un mayor conocimiento del mundo a través de la exploración. En la parte inferior del dibujo, la metáfora se cierra con el sello «*Multi pertransibunt et augebitur scientia*», una frase en latín citando Daniel 12:4: «Muchos correrán de aquí para allá, y el conocimiento aumentará» (LBLA).

Francis Bacon miró al futuro. Él sabía que abordar el estudio de la naturaleza de una forma razonada no era ir en contra de la fe, sino encontrarse con la verdad de la Creación de Dios, y que eso traería mayor conocimiento.

Bacon te veía participando en el llamado que Dios le ha hecho a los científicos a través de la historia, a fin de aumentar el conocimiento y descubrir más maravillas sobre su Creación. Tal vez te veía recuperando el dominio que nos fue dado a los hijos de Dios y desempeñándote en las artes o las ciencias. Bacon te vio, la pregunta es si tú también te vez ahí.

Es imperativo que reconozcamos la mano de Dios en la vida de muchos hombres de fe que hicieron las mayores contribuciones a la ciencia que se han conocido a lo largo de la historia de la humanidad. Si bien es cierto que a través de dos siglos y en especial en los últimos cuarenta años hemos cambiado nuestro desempeño en las ciencias por vocaciones más «nobles» de servicio cristiano, resulta importante que como iglesia reconozcamos que hemos cometido un pecado muy grave contra la humanidad y Dios, ya que al abandonar las ciencias abandonamos un instrumento de bien, dejando de ser una poderosa luz para el mundo.

La iglesia cristiana debe revelar dónde «está su corazón» demostrando dónde «está su tesoro», o sea, dónde invierte su dinero. Así como hay lugar en el presupuesto de la iglesia para los grandes eventos, las ofrendas exuberantes a predicadores y músicos, la construcción de edificios y la adquisición de equipos audiovisuales —todas cosas buenas— el liderazgo de la iglesia debe designar una parte del presupuesto para concederles becas a los jóvenes brillantes a fin de que estudien las ciencias.

Deseamos mucho ser de «influencia». Pues bien, un descubrimiento merecedor de un Premio Nobel, que beneficie grandemente a la humanidad, tal vez tendrá más influencia en la historia del mundo que millones de unidades vendidas de un libro o un CD comprado solo por cristianos.

Nuestros antepasados lucharon con doctrinas erradas e influencias equivocadas en lo que respecta al poder político, así como también hicieron cosas que obviamente entristecieron el corazón de Dios. Sin embargo, no todos eran así, siempre hubo un remanente que buscaba mejorar el mundo, impulsar a la humanidad hacia adelante. Una de las contribuciones más maravillosas que los cristianos intelectuales antiguos hicieron fue en el área de la investigación y la educación.

El lema de la Universidad de Oxford, en Inglaterra, una de las instituciones de mayor importancia para el mundo del conocimiento, especialmente el científico, es «Dominus illuminatio mea». Los fundadores de Oxford, la iglesia, veían como imperativo que se supiera cuál era el referente del conocimiento, deseaban que el mundo conociera de dónde venía esa «luz», así que se inspiraron en la primera frase del Salmo 27: «El Señor es mi luz». Estas cinco palabras tienen más importancia para la humanidad de lo que probablemente imaginamos en la iglesia hoy en día.

Ahí, en la Universidad de Oxford, se encuentra el «Patio Cuadrangular del Colegio», una pequeña plaza construida entre 1613 y 1619 que forma parte de la Biblioteca Bodleiana, una de las más grandes e importantes del mundo, la cual contiene documentos históricos de gran valor para la humanidad: desde papiros antiguos y escritos ancestrales chinos, hasta manuscritos originales de Shakespeare y nuestros héroes y hermanos en Cristo, como J. R. Tolken y C. S. Lewis. No es tan grande como la Biblioteca del Congreso de los Estados Unidos de América, la cual contiene más de ciento treinta y cuatro millones de obras,

> LA IGLESIA CRISTIANA DEBE REVELAR DÓNDE «ESTÁ SU CORAZÓN», DEMOSTRANDO DÓNDE «ESTÁ SU TESORO», O SEA, DÓNDE INVIERTE SU DINERO.

pero de modo interesante, las dos bibliotecas estiman que los ejemplares que poseen de las Escrituras (entre otros, la Biblia de Gutenberg, de la cual solo existen cuarenta y dos copias en el mundo) constituyen sus textos más importantes, ya que se considera el libro más influyente de la historia.

Rodeando el Patio Cuadrangular del Colegio están las entradas a las facultades originales de la universidad. La iglesia sabía que era una obligación nutrir el estudio de la naturaleza y que este debía realizarse en un ambiente donde se considerara a Dios como el punto de partida de todas las cosas. El propósito del patio cuadrangular era concentrar en un lugar las «aulas magistrales» donde se impartían clases de las diferentes disciplinas de estudio, así que si te paras en el centro del mismo te verás rodeado de puertas que constituyen la entrada a las distintas facultades.

La plaza está dominada por la entrada a la Facultad de Divinidades (Teología), un edificio que probablemente sobrepasa en arquitectura y belleza el diseño de cualquier construcción religiosa de hoy en día. A los lados de la entrada a la Facultad de Teología están otras facultades: la Escuela de Lenguaje y Matemáticas, la Escuela de Gramática e Historia, entre otras. Sin embargo, tal vez la más interesante es la entrada a la Escuela de Filosofía Natural.

«Filosofía natural» era el nombre que se le daba a la ciencia en el siglo diecisiete. Los cristianos no veían a la ciencia como algo «excluido» o alejado de la teología, al contrario, la consideraban una parte integral del conocimiento que Dios quería que el hombre tuviera. Hoy en día resulta muy diferente. Por desdicha, en la actualidad en muchos círculos cristianos se enseña extraoficialmente que los hijos de Dios no pueden servirle en el mundo de la ciencia. Y esto es entendible hasta cierto punto, ya que la iglesia piensa que la ciencia o el científico no tienen nada que aportar a la iglesia en sí. No obstante, tal pensamiento es resultado de una eclesiología equivocada que enseña que la única forma de servir a Dios es dentro de la iglesia.

No fue hasta el cambio del siglo dieciocho al diecinueve que el teólogo y sabio inglés William Whewell acuñó la palabra «científico». Resulta irónico que él, siendo un gran científico (y un gran teólogo), inventara la palabra que lo describía. Whewell decía que la ciencia era el «llamado de Dios a escudriñar las escrituras de su creación», como él mismo se refería a la actividad del investigador de la filosofía natural. Él veía la naturaleza como una «escritura» de Dios que había que escudriñar para conocer más del Creador.[5]

Nuestros hermanos del siglo dieciséis y diecisiete, creyendo que Dios le había dado a la humanidad el poder de razonar, impulsaron enérgicamente los comienzos de la ciencia con la esperanza de que confirmaría nuestra fe. Como hemos visto, siglos después la iglesia se encontraría luchando de frente contra la misma criatura que gestó. La iglesia respaldaba a la ciencia siempre y cuando no contradijera sus dogmas —ya fueran tradiciones, interpretaciones o la narración bíblica misma— pero sobre todo si no desafiaba su autoridad.

La iglesia estaba en control de todo conocimiento. Cualquier expresión artística o teoría científica debía ser autorizada por alguien o algún comité de la iglesia. Por otro lado, en bien de la humanidad, la iglesia permitió el surgimiento del primer gran período de la Revolución Científica: el Renacimiento de los siglos quince y dieciséis.

Como he explicado antes, podemos ver siglos después que en su mayor parte la ciencia no cuestionó la verdad bíblica, sino el dogma tradicional de la iglesia. No fue hasta la propuesta de Darwin y el nacimiento del naturalismo no teísta que el cristianismo vio cómo se desafiaba la existencia misma de Dios junto con muchos otros dogmas tradicionales. Es por eso que se necesitan cristianos en el campo, ya que resulta importante que la ciencia y la fe vayan de la mano.

Estos científicos de la época moderna temprana no rechazaban la Biblia ni la fe, sino miraban su «ciencia» como una forma de adorar a Dios por su creación. Consideraban al «libro de la naturaleza» y al «libro de Dios» como senderos para la edificación y la revelación. Era como si para ellos el estudio de la naturaleza fuera una forma de gratitud y reconocimiento a su Creador, lo cual fomentaba un espíritu de exploración y aventura, porque saber y descubrir más acerca de la Creación significaba conocer más a Dios. El problema surgía cuando saber más de la Creación exigía que se abandonaran interpretaciones equivocadas de la Biblia y la realidad.

Esto fue lo que sucedió durante el período de la Ilustración, específicamente en el Siglo de las Luces (siglo dieciocho). Aunque la Ilustración fue un movimiento europeo, alcanzó a la nueva nación de los Estados Unidos de América, donde Benjamin Franklin luchaba para establecer una nueva república, y probablemente nadie encarnó mejor el pensamiento de esta época —y sus consecuencias— que él. Siendo un científico con una profunda fe en Dios, Benjamin Franklin, por observación y razonamiento, sugiere en 1750 que los rayos de una tormenta son únicamente una forma de electricidad, dándole una explicación lógica a lo que por siglos se describiría como la ira de Dios.

Cuando ocurría una tormenta eléctrica en los pueblos y las ciudades, los rayos tendían a descargar su fuerza sobre las puntas de las torres más altas de la comunidad. Y resulta que las torres más altas de las ciudades en ese entonces eran las de las iglesias, fabricadas de madera, de modo que la descarga eléctrica las incendiaba.

La explicación que siempre se había dado era que Dios tenía un mensaje para ese pueblo y que la descarga era algún tipo de castigo, ya que «casualmente» las únicas estructuras afectadas eran las de las iglesias.

Cuando Benjamín demostró con evidencia científica la razón de la descarga y sugirió que se colocaran pararrayos en las iglesias, los acusadores se levantaron contra él diciendo que estaba tratando de hacer a Dios a un lado o de ignorarlo por completo. Franklin contestó que si esa era la lógica, entonces había que quitar los techos de las iglesias, porque la lluvia también era un fenómeno natural, así que si no se aceptaba al rayo como un fenómeno atmosférico, tampoco había que aceptar la lluvia como tal.

Esto sucedió en el siglo dieciocho; me pregunto si no habrá casos similares en nuestros días. Ojalá que no estemos ingenuamente levantando acusaciones contra posibles descubrimientos que más adelante se probarán como una manifestación verdadera y natural de la misma Creación de Dios.

Nuestra ignorancia no es una medida de la posibilidad. Debemos demostrar cautela, sabiduría y humildad. Solo porque haya algo mucho más grande (o mucho más pequeño) en el universo, algo tan grandioso y complejo (o simple) que sencillamente no tengamos las herramientas intelectuales para comprenderlo hoy, no quiere decir que no exista. Esto se aplica a algo que puede estar en contradicción con nuestros paradigmas cristianos, pero también se aplica a los ateos y los no deístas. Dios habla a través de la ciencia y se comunica tanto con su pueblo como con aquellos que dicen no creer en él.

> COMO HE EXPLICADO ANTES, PODEMOS VER SIGLOS DESPUÉS QUE EN SU MAYOR PARTE LA CIENCIA NO CUESTIONÓ LA VERDAD BÍBLICA, SINO EL DOGMA TRADICIONAL DE LA IGLESIA.

A Dios se le puede descubrir de muchas maneras más que en una canción de adoración. Él está presente en la naturaleza esperando ser descubierto. El universo tiene sentido y significado porque Dios lo creó y está ahí. En realidad, él ha puesto su gloria —su firma— sobre los cielos, ¿por qué no habríamos de estudiar entonces lo que ha hecho? ¿Qué te detiene de ser uno de los científicos más influyentes de tu generación? Para la gloria de Dios, puedes llegar a serlo.

La silla de Newton

En 1664, la Universidad de Cambridge creó la Cátedra Lucasiana de Matemática. Esta cátedra no es un curso que alguien inventó. Tampoco se trata de una clase de matemáticas. La Cátedra Lucasiana de Matemática es una posición, un cargo del más alto prestigio académico que se le otorga a mentes brillantes que a través de sus investigaciones estén contribuyendo al mundo de la física y la matemática. Se le llama «Lucasiana» porque fue Henry Lucas quien donó los recursos para crearla y mantenerla durante todos estos años.

Esta es probablemente la investidura científica más prestigiosa del mundo después del Premio Nobel. Se considera el pilar de fundación de la ciencia y la ingeniería modernas. Desde su creación ha sido ocupada por diecisiete profesores que han hecho contribuciones valiosas a la ciencia. Uno de ellos fue nada menos que Sir Isaac Newton, el padre de la física, que la ocupó entre 1669 y 1702. Por eso muchas veces se hace referencia a la misma como «La cátedra de Newton» o «La silla de Newton».

Otro personaje que ha ocupado la Cátedra es el reconocido astrofísico Stephen Hawking, autor de libros como *Una breve historia del tiempo* (que siempre recomiendo como una obra que todo cristiano debería leer) y *Agujeros negros y pequeños universos*. Él es además un físico teórico que está buscando la fórmula que «explique todas las cosas», lo que los físicos describen como «la ecuación de Dios». Stephen estuvo en posesión de la Cátedra desde 1980 hasta el 2009.

A veces el espejismo de la fama y la influencia nos engaña dentro del círculo del cristianismo. Asumimos que cuando alguien es «famoso» en el mundo cristiano, entonces también es «influyente». Y puede ser, pero lo más probable es que su influencia esté limitada al mismo círculo donde tiene su fama, es decir, el propio ámbito del cristianismo.

Las diecisiete personas que han ocupado la Cátedra Lucasiana de Matemática no han sido famosas desde el punto de vista mediático en su época, con la excepción de Stephen Hawking, quien ha sido caracterizado por la cultura popular en programas como «*Viaje a las estrellas: La nueva generación*», «*Los Simpsons*» y «*La teoría del Big Bang*». Sin embargo, a pesar de no gozar de fama mundial, estos personajes han cambiado la historia con sus contribuciones en el campo de la matemática y son considerados como los más influyentes en el mundo de la ciencia. La misma iglesia cristiana, que a veces se esfuerza en ignorar categorías como esta, ha sido beneficiada por los aportes de estos individuos al conocimiento de la Creación de Dios, aunque muchos de ellos probablemente no creían en él.

¿No sería maravilloso que una de las próximas personas que ocupen esta prestigiosa e influyente posición salga de los grupos juveniles de la iglesia cristiana? Alguien como Isaac Newton, que siendo un hombre de Dios y un estudioso de las Sagradas Escrituras cambió el rumbo de la historia con sus propuestas científicas. Si quieres en realidad impactar tu mundo a nivel global e histórico, estudia las Escrituras, sé el mejor científico que puedas, y siéntate en la silla de Newton.

Sí, Dios cree que puedes ocupar la Cátedra Lucasiana de Matemática.

DIOS HABLA A TRAVÉS DE LA CIENCIA Y SE COMUNICA TANTO CON SU PUEBLO COMO CON AQUELLOS QUE DICEN NO CREER EN ÉL.

Como cuerpo de Cristo, tenemos que volver a ser una inspiración para las nuevas generaciones a fin de que sirvan a Dios como miembros de la élite científica. Descubrir una medicina que cure una enfermedad no es menos «milagroso» que el hecho de que Dios use a un predicador para sanar a una persona de esa misma dolencia. Descubrir tal medicina constituye un prodigio. Es una señal del poder de Dios actuando en la naturaleza y el intelecto humano.

En épocas anteriores, los niños querían ser exploradores, científicos y artistas. Les fascinaba la expresión artística y la creatividad, y esto también sucedía en el ámbito cristiano. Hoy, debido a los modelos que les damos, los niños desean ser celebridades, sencillamente ser famosos por el simple hecho de serlo.

En la película *Regreso al Futuro III*, Emmett Brown, más conocido como «Doc», le dice a Marty McFly: «Cuando yo tenía once años, leí por primera vez *Veinte mil leguas de viaje submarino*. Entonces supe que debía dedicar mi vida a la ciencia». Esto es lo que nos hace falta, personas con este nivel de inspiración, que imaginen cosas tan fantásticas y posibles que los niños crezcan queriendo ser los exploradores del mañana.

Hemos perdido la fascinación por las profundidades del océano y la expansión del espacio, dos lugares donde Dios ciertamente ha dejado su firma para que sea descubierta. Hacerlo es un acto de obediencia y adoración.

El programa espacial y la humanidad

Cuando la NASA se embarcó en el programa lunar en 1961, lo primero que hizo fue buscar quién desarrollaría un sistema de guía, ya que las preguntas eran: ¿Cómo llegaremos a la Luna? ¿Cómo sabremos que la ruta que la nave toma es la correcta? ¿Cómo determinaremos el punto donde aterrizar? En el espacio no hay norte ni sur, no hay arriba o abajo. Así que no era una cuestión de cohetes o naves, era un asunto de sistemas, y se necesitaban hombres y mujeres que inventaran algo que no existía.

Lo más complicado del viaje a la Luna sería lograr que el módulo lunar aterrizara en el lugar preciso, en el tiempo preciso, y que luego pudiera despegar con la energía precisa para acoplarse de nuevo con la nave que traería a los astronautas de regreso a la Tierra.

Para lograr esto, se utilizó una pequeña pieza de software que todos los ingenieros involucrados en el proyecto pensaban que era insignificante, ya que había sido diseñada por un ingeniero novato en cuanto a todo lo relacionado con el programa.

Don Eyles era un joven de veintidós años que desde niño se había sentido inspirado por el espacio y las naves espaciales. Cuando llegó a la NASA, de inmediato lo hicieron vestir de cuello y corbata. También le pidieron que se cortara el pelo, ya que lo tenía tan largo que le pasaba los hombros. La cultura «formalizada» de esa época en la NASA no veía bien que un ingeniero tuviera el pelo largo y bigote. No confiaban en su apariencia, ¿por qué iban a confiar entonces en su intelecto? Resulta increíble que todavía hoy muchos piensen así.

Neil Armstrong, astronauta y el primer hombre en pisar la luna : «En una escala de dificultad del uno al diez, caminar en la Luna representa un tres. ¡Aterrizar en la Luna equivale a un trece!». Sin embargo, Don Eyles, este joven ingeniero en software de apenas veintidós años con apariencia de «hippie», desarrolló e implementó las rutinas y subrutinas que, tal vez hasta hoy en día, han sido las más importantes en la historia del avance de la humanidad. Él no permitió que su juventud e inexperiencia lo detuvieran, sino que usó esas características como sus fortalezas. Y todo como resultado de ser un niño inspirado a convertirse en un científico.

La frase «ingeniería de software» la acuñó Margaret Hamilton, una científica que desde pequeña se había mostrado muy curiosa por cómo las cosas funcionaban y había estado muy interesada siempre en las matemáticas. Su interés por la ciencia y su dedicación al estudio la llevaron a ser una de las piezas claves en el proceso de avance de la raza humana a una nueva era, en una época y una industria donde la mujer por lo general no tenía participación importante en los proyectos científicos.

Ella es una leyenda en la NASA, y aún se cuentan anécdotas de sus brillantes soluciones a los problemas más complejos del programa lunar. Tal vez te sientes «incapaz» de ingresar a un campo tan demandante como las ciencias sencillamente porque eres mujer. Sin embargo, el mundo necesita que te involucres y causes un impacto determinante; que inventes, descubras y encuentres soluciones.

Las personas que trabajaron en la NASA en las misiones lunares obtuvieron logros impresionantes considerando lo limitado de la tecnología según los estándares que hoy tenemos. Por ejemplo, la memoria total para hacer funcionar el sistema de guía del programa Apollo era de apenas cuatro kilobytes de memoria RAM (no megas ni gigas) y setenta y dos kilobytes de memoria ROM. El iPod con que oyes tu música es cincuenta mil veces más poderoso que toda la memoria de la NASA en esos tiempos. Nuestro teléfono celular hoy tiene más poder computacional que todas las computadoras de la NASA en 1969, cuando dos hombres pusieron sus pies en la Luna. No estoy seguro de si alguno de nosotros se subiría a esa nave espacial ayudada por computadoras que solo tenían sesenta y cuatro kilobytes de memoria ROM.

Si hoy nuestra computadora se descompone, lo peor que nos podría pasar es que perdamos unas cuantas horas de trabajo. No obstante, en julio de 1969, si la computadora que llevaba el Apollo 11 se descomponía, no se perdían horas de trabajo, sino vidas.

Hoy sabemos mucho acerca del espacio, el universo que Dios creó. Sin embargo, precisamente porque ese conocimiento no es nada comparado con lo que no sabemos, los hijos del Dios que creó tal universo se deben involucrar en la tarea de estudiarlo. Sabemos que la Luna está a solo dos segundos de años luz de distancia de la Tierra y que el Sol se encuentra a ocho minutos veinte segundos. Sabemos que el universo es casi una esfera perfecta, aunque se sospecha que hay universos paralelos todavía más intrigantes que el que conocemos. Esto constituye un misterio hoy, pero es un campo abierto para que mañana los hijos de Dios descubran cosas asombrosas para su gloria.

El telescopio Hubble tiene la capacidad de observar alrededor de cien mil millones de galaxias, y por medio de la observación sabemos que el espacio constituye la verdadera sustancia del universo, mientras que las galaxias y estrellas son más como la espuma en ese mar que el espacio representa. ¡Eso deja mucho lugar para que Dios se pueda «mover»!

Sabemos que si tomamos dos electrones y los ponemos a vibrar a la misma frecuencia, y los comenzamos luego a separar, las dos partículas seguirán vibrando igual, ya que están «consientes» de lo que su partícula gemela está haciendo. Aun si las alejamos distancias enormes, a años luz de separación, y movemos una de las partículas de cierta manera, la otra, al otro lado del universo, «sabrá» lo que su partícula gemela está haciendo e inmediatamente comenzará a vibrar de igual forma. Cosas fascinantes se han descubierto, pero las que quedan por descubrir son aun más fascinantes.

La tecnología que se desarrolló como consecuencia del programa lunar y otros esfuerzos cosmológicos ha sido sorprendente. Se dieron cambios dramáticos en la electrónica y la computación. Compañías como Intel Corp. probablemente no existirían, y estaríamos atrasados en el desarrollo de la robótica, la nanotecnología, la aeronáutica, la tecnología de la salud y muchas otras ramas del saber.

El logaritmo que se usó para corregir la óptica del telescopio Hubble cuando se descompuso en el espacio se usa ahora para detectar células cancerosas tempranas.

Todos los expertos están de acuerdo en que la exploración del espacio también proporcionó una perspectiva diferente de cómo el hombre se veía en el universo.

Cualquier cosa que el hombre considere objeto de estudio, ya sea el cosmos (lo más grande) o las partículas (lo más pequeño), está comprendida dentro del universo que Dios creó. Si creemos en Génesis 1:1, deberíamos tomar en serio el estudio de la Creación y reconocer que Dios está presente en la ciencia porque él forma parte de la verdad que la ciencia descubre. Y lo que se descubre puede ser de gran beneficio para la humanidad.

SIN EMBARGO, EL MUNDO NECESITA QUE TE INVOLUCRES Y CAUSES UN IMPACTO DETERMINANTE; QUE INVENTES, DESCUBRAS Y ENCUENTRES SOLUCIONES.

El genoma humano

Francis Collins, uno de los científicos más respetados y admirados durante estos primeros años del siglo veintiuno, es el director del Proyecto del Genoma Humano, el cual se encuentra entre los más importantes proyectos en que se ha enfrascado la humanidad.

El Dr. Collins dirige un equipo de científicos brillantes e innovadores escogidos de entre los círculos de investigadores y científicos más destacados del mundo. A él se le encomendó la tarea de descifrar el código del genoma. Básicamente esto significaba ponerle nombre y apellido a todos los genes contenidos en el ADN. El ADN (Ácido Desoxirribonucleico) humano es un código de tres mil millones de letras químicas, denominado genoma, una secuencia química que contiene la información básica para formar y hacer funcionar un organismo humano. Para leer el código, debes aprender un nuevo alfabeto integrado por cuatro letras A, T, C y G. Las letras denotan compuestos químicos llamados «bases». A significa «adenina», T es «timina», C es «citosina» y G es «guanina».

Se trataba de un proyecto muy audaz que parecía imposible. Solo unas cuantas personas en el mundo eran capaces de lograr dirigir y proveer liderazgo para una tarea tan compleja, probablemente la más complicada que hasta ahora se había propuesto acometer la ciencia humana.

Sin embargo, el proyecto concluyó dos años antes de lo planificado y a un costo por debajo de lo presupuestado. Francis Collins no solo es un gran científico, sino un gran líder.

Los avances logrados gracias a la descodificación del genoma humano parecen ser tomados de las películas de ciencia ficción, pero constituyen una realidad. Con este equipo de «superestrellas» de la ciencia, Francis Collins lentamente exploró las profundidades diminutas del ADN a fin de identificar y descodificar todos los genes existentes del ser humano.

Hoy, los investigadores médicos han comenzado a usar toda esta información para reconocer los factores genéticos de riesgo que provocan enfermedades como diabetes, cáncer, afecciones del corazón, autismo, asma, Alzheimer y muchas otras.

Francis Collins está cambiando el mundo de la farmacología. A través del conocimiento del genoma humano se podrá saber con más exactitud qué clase de fármaco se debe aplicar, así como la cantidad precisa, el momento justo y la persona indicada.

Una tarde, en una cafetería cerca de su laboratorio, esperaba a Collins para tomar café y charlar un poco con este magnate de la ciencia.

De pronto, el ruido inigualable de una motocicleta Harley Davidson llamó mi atención. Observé con detenimiento cómo la moto se acercaba al estacionamiento de la cafetería y miré celoso al tipo que venía conduciéndola. Él detuvo la nave, apagó el motor no sin antes acelerarlo, ensordeciendo a todos los que estábamos cerca, y con la elegancia que solo un motorista experimentado puede hacerlo se bajó de la moto y caminó hacia la cafetería donde me encontraba sentado, verde de envidia.

¡El trago de café que acababa de tomar casi hace que me atragante cuando me di cuenta de que el chofer de la motocicleta era nada menos que el Dr. Francis Collins! Ahora, mis sentimientos estaban encontrados: no sabía si sentía más envidia de Francis Collins por la moto que manejaba o porque es uno de los investigadores más respetados de la élite de la investigación científica. En fin, disimulé mi reacción con un abrazo y un saludo, y después de hablar de motocicletas un rato, empezamos a conversar acerca de su fascinante trabajo y su vida espiritual.

Collins ha hecho una contribución única y maravillosa a la ciencia y la humanidad. Y una de las cosas más importantes tal vez es el hecho de que aunque había muchas empresas privadas que deseaban dirigir el proyecto de descodificar el genoma humano, el Dr. Collins y su equipo llevaron a cabo esta tarea específicamente para que fuera patrimonio de toda la humanidad, no de una corporación. Collins explica: «Se trata de la información genética del ser humano, por lo tanto el ser humano debe ser el dueño».

Mi encuentro con Francis Collins fue algo así como una experiencia surrealista. Él es un genetista reconocido por la élite del mundo académico y científico, un líder de primer nivel, director del proyecto más importante para la vida humana. Un genuino revolucionario, un hombre con una fe granítica en Dios, un iconoclasta… tanto por la Harley Davidson que le gusta manejar como por el proyecto revolucionario que ha dirigido.

Cuando le pregunté por qué había decidido dedicar el resto de su vida a descodificar el genoma humano, me dijo que sabía que solo había una oportunidad de lograr este proyecto, y si tenía éxito, los beneficios para la humanidad serían inimaginables. Me contó que oró mucho para decidirse, pues como hombre de fe sabía que tal vez ese era el momento en que Dios lo estaba llamando a hacer algo extraordinario como científico. Él veía este proyecto como una oportunidad de estudiar lo que llama «el lenguaje de Dios» y entender la forma en que los humanos hemos sido diseñados.

Le pregunté si tanto en el proceso científico como en lo que llevaba descubierto en su investigación había encontrado alguna contradicción entre la fe y la ciencia. Me dijo: «Realmente, no encuentro conflicto en eso. Y según parece tampoco el cuarenta por ciento de científicos en el mundo que se declaran creyentes en Dios».

Continuó explicándome que ha encontrado una armonía maravillosa entre las verdades de la ciencia y la fe. El Dr. Collins piensa que la fe y la ciencia «se complementan en una maravillosa danza con la verdad».

Francis estudió primero mecánica cuántica y pasaba la mayor parte del tiempo sumido en las matemáticas. Luego estudió medicina y le fascinó; ahí se encontró con la genética. Mientras cursaba sus estudios de medicina, cuando llegó el momento de llevar a cabo sus prácticas en el hospital, conoció a varios pacientes que estaban al borde de la muerte. Sintiéndose profundamente intrigado por la fe de muchas de estas personas y el hecho de que no tenían miedo de morir, fue entonces que buscó a Dios.

Francis afirma que él no puede probar científicamente que Dios existe, pero sí puede probar que su existencia «es posible», de modo que los ateos no están tomando en cuenta todos los argumentos. Asegura que, a través de la razón y la observación de la naturaleza, uno puede llegar a concluir que la existencia de Dios es factible.

El Dr. Collins explica que la ciencia resulta impotente ante algunas grandes preguntas como: ¿Por qué hay algo en lugar de nada? ¿Por qué estamos aquí? ¿Existe un Dios? Y es incapaz de contestar tales interrogantes no porque «no sirva» o «esté equivocada», sino porque las mismas están fuera del círculo de leyes naturales bajo las cuales la ciencia puede investigar. La ciencia está confinada al estudio de la naturaleza, y si existe un Dios, él está fuera de la naturaleza, existe exonaturaleza. Por tal motivo, la ciencia debe permanecer en silencio con respecto a la pregunta sobre la existencia de Dios.

> ÉL VEÍA ESTE PROYECTO COMO UNA OPORTUNIDAD DE ESTUDIAR LO QUE LLAMA «EL LENGUAJE DE DIOS» Y ENTENDER LA FORMA EN QUE LOS HUMANOS HEMOS SIDO DISEÑADOS.

«Es sencillo», dice Collins, «la ciencia no tiene las herramientas adecuadas para investigar y demostrar si Dios existe o no. Así que no se puede usar la investigación científica para afirmar que Dios no existe, esa es una falacia lógica muy seria».

Dándole un sorbo a su café, Collins continuó: «Aun después de creer en Dios y decidir ser un seguidor de Cristo, he tenido muchas dudas. La duda no es lo opuesto a la fe, creo que la duda es un elemento de la fe. Ciertamente, es un elemento importante de mi propia fe».

Las posturas de Francis Collins en cuanto a la ciencia y su profunda fe en Dios no han pasado desapercibidas para otros cristianos, que a veces somos conocidos por un sentimiento «anticiencia». Al conocido actor, escritor y cómico estadounidense Stephen Colbert —quien utiliza una forma especial de sátira para burlarse particularmente de los políticos y los medios noticiosos, parodiando a muchos líderes de opinión— le costaba tanto concebir que un científico del calibre de Collins creyera también en Dios y se identificara como cristiano, que al entrevistarlo le preguntó: «¿No cree que usted entonces será el único cristiano en el infierno?». Y le dijo esto porque sabe que hay un segmento del cristianismo que sencillamente no acepta que el creyente pueda ser un gran científico, mucho menos considerarse un siervo de Dios en ese campo.

Francis es creacionista en el sentido de que cree que Dios es el Creador. Sin embargo, no se subscribe a la postura del «diseño inteligente». Él, como muchos otros científicos creyentes en Dios, es adepto a lo que han llamado «evolución teísta». Puedes estar o no de acuerdo con esta postura. Mi punto es este: si estás de acuerdo, ojalá seas o te conviertas en un científico debidamente preparado y diligente en tu materia para defender esta postura y con ella contribuir al bien de la humanidad. Si no estás de acuerdo con la evolución teísta, ojalá también seas o te conviertas en un científico debidamente preparado y diligente en tu materia para refutar esa postura y con tu opinión contribuir al bien de la humanidad.

Terminando su taza de café, este amante de las motocicletas Harley Davidson señaló: «El Dios de la Biblia también es el Dios del genoma. Se puede encontrar a Dios en una iglesia, en una catedral o también en el laboratorio». Y me pareció estar escuchando a Newton, Galileo o Kepler cuando añadió: «Investigar la majestuosa y grandiosa creación de Dios, hacer ciencia, en realidad es una forma de adoración».

Toda esa conversación me recordó las palabras de Martín Lutero. Cuenta la historia que Lutero, con su rebeldía santa, indicó: «Si yo profesara a viva voz y expusiera con gran claridad cada porción de la verdad de Dios con excepción del pequeño punto en el cual el mundo y el diablo están asediando, entonces no estoy confesando el cristianismo. Donde la batalla embravece, ahí es probada la lealtad del soldado, y permanecer firme en todos los otros campos de batalla, pero no estar firme en ese, es huir y es deshonra». No puedo leer estas palabras de nuestro héroe sin pensar que tal vez como iglesia hemos estado firmes en «todos los otros campos», pero hemos perdido la estabilidad en el campo de la ciencia. Hemos «profesado a viva voz y expuesto con gran claridad cada porción de la verdad de Dios»; sin embargo, donde la «batalla embravece», en este caso en el ámbito de la ciencia, nuestra lealtad a Cristo está siendo puesta en duda debido a nuestra ausencia. Repitiendo las palabras de Collins, investigar la majestuosa y grandiosa creación de Dios, hacer ciencia, en realidad es una forma de adoración.

¿Y tú?

En otros tiempos hubo «soldados» cuya lealtad ciertamente no es puesta en duda. La lista de científicos que dejaron una marca indeleble en la historia de la humanidad y tenían fe en Dios resulta impresionante.

Lo que hoy llamamos «ciencia» —sus métodos, controles, procesos, directrices y principios, interrogantes e investigaciones, así como el deseo de encontrar teorías unificadas que expliquen la naturaleza— todo esto, tuvo sus orígenes en el cristianismo y fue desarrollado por las manos, las mentes y los corazones de personas aferradas a la convicción poderosa de la existencia de un Dios Creador de todo lo que hay. Hoy, según las palabras del apóstol Pablo, «somos deudores» y tenemos la responsabilidad de continuar la tradición de estos gigantes de la fe y la ciencia.

Los grandes científicos no surgen por milagro ni su conocimiento se obtiene por ósmosis. No importa cuán espiritual un cristiano sea ni cuán lleno del Espíritu esté, no llegará a la estatura de los hombres galardonados con el Premio Nobel de las ciencias si no es diligente y profesional en su estudio y su investigación.

Aquellos que creen que Dios los ha llamado a la ciencia deben seguir con excelencia el debate, el cuestionamiento estructurado y el estudio riguroso. Esto no es para presumir que los «cristianos estamos involucrados en la ciencia», ni mucho menos a fin de «conquistar las ciencias para Cristo», sino para descubrir las obras maravillosas de aquel que nos llamó de las tinieblas a su luz admirable en bien de la humanidad.

He aquí una relación de algunos de los científicos de épocas anteriores que Dios usó con el objeto de que el mundo conociera más acerca de su creación.

- Joseph Lister: Cirugía antiséptica
- Robert Boyle: Químico, dinámica de los gases
- Georges Cuvier: Anatomía comparativa
- Charles Babbage: Computación
- Lord Rayleigh: Análisis dimensional, modelo de análisis
- John Ambrose Fleming: Electrónica
- James Clerk Maxwell: Electrodinámica
- Lord Kelvin: Energía
- Henri Fabre: Entomología
- George Stokes: Mecánica de los fluidos
- Sir William Herschel: Astronomía
- Gregor Mendel: Genética
- Louis Agassiz: Geología glacial, ictiología
- James Simpson: Ginecología
- William Ramsey: Química isotópica
- John Ray: Historia natural
- Bernhard Riemann: Geometría (no euclidiana)
- Matthew Maury: Oceanografía
- David Brewster: Mineralogía óptica
- Louis Pasteur: Bacteriología
- Isaac Newton: Cálculo, dinámicas
- Johannes Kepler: Mecánica astronómica
- Michael Faraday: Electromagnética, teoría de campo
- Blaise Pascal: Hidrostática, matemática[6]
- _____ : _____

Esta lista está inconclusa, al final hay dos líneas en blanco. Si crees que Dios te está haciendo un llamado sagrado al mundo de la ciencia, incluye tu propio nombre en la lista de estos grandes científicos y hombres de fe, así como el campo donde deseas que Dios te use o crees que lo hará.

Incorpórate a la lista, produce un cambio determinante en el mundo desde el ámbito de la ciencia. Deja que Dios te use como ministro, como siervo en el Reino, a través de la investigación, la experimentación y el estudio riguroso del universo. El hebreo antiguo emplea la misma palabra para describir el servicio a Dios y el servicio al prójimo, ¡así que sirve! Que tu luz brille en la ciencia de tal manera que los hombres alaben a tu Padre que está en los cielos. Quién sabe, tal vez algún día escriban libros acerca de ti.

> AQUELLOS QUE CREEN QUE DIOS LOS HA LLAMADO A LA CIENCIA DEBEN SEGUIR CON EXCELENCIA EL DEBATE, EL CUESTIONAMIENTO ESTRUCTURADO Y EL ESTUDIO RIGUROSO.

PARTE 4

EL ARTE

«Primero, hay que matar a los artistas», dijo Hitler.

Si destruyes primero a los artistas, destruyes la posibilidad de reimaginar el futuro. Destruyes la posibilidad de generar poderosos movimientos sociales de oposición o avanzada.

El arte es tan importante, tan influyente, que históricamente lo primero que hacían las fuerzas que ocupaban otros países era asegurarse de que los artistas no tuvieran libertad de expresión.

No existe la certeza de que la cita anterior sea realmente de Hitler, pero me puedo imaginar con toda claridad el movimiento de ese bigote negro mientras pronunciaba la sentencia. De lo que sí estamos seguros es de la importancia que los artistas tienen en el mundo, del obstáculo que pueden ser para el mal, y de la fuerza que pueden ser a favor del bien.

Vivimos en un mundo totalmente influido por el arte, y todos los días nos vemos impactados por las diferentes manifestaciones artísticas. Resulta risible que aquellos que de forma ingenua o por ignorancia le restan valor a las artes y los artistas, especialmente en la iglesia cristiana, pretendan vivir en un mundo donde el arte no tiene mayor protagonismo.

Para algunas personas el arte es muy importante, para otras sencillamente no significa nada. Los ingenuos piensan que el arte no importa; sin embargo, sus vidas están influidas y rodeadas por él. Los artistas, con su habilidad dada por Dios de pensar diferente con relación al mundo en que vivimos, han inspirado a economistas, físicos, políticos, teólogos y líderes sociales a través de la historia. Todos ellos han sido inspirados a ver conexiones que no habían considerado, han sido estimulados en sus hipótesis, porque han tomado en cuenta variables que antes no habían «visto».

El arte ha significado mucho para muchas personas. El hecho que haya personalidades que están dispuestas a pagar grandes cantidades de dinero por las obras de arte nos hace detenernos a pensar que tal vez este influye en cada individuo a niveles difíciles de comprender.

«Los jugadores de cartas», de Paul Cézanne; «Número 5», de Jackson Pollock; «Mujer III», de Willem de Kooning; «Adele Bloch-Bauer I», de Gustav Klimt; «Desnudo, hojas verdes y busto», de Pablo Picasso; «Ocho Elvises», de Andy Warhol; «Retrato del doctor Gachet», de Vincent van Gogh; *«Le bassin aux nymphéas»*, de Claude Monet están comprendidas entre las diez pinturas más caras de la historia. Solo «Los jugadores de cartas» se vendió por doscientos cincuenta millones de dólares.

No podemos decir que el arte no es influyente. Podrás pensar que el precio resulta desproporcionado, que es ridículo que alguien pague tanto (lo cual al final es relativo) por una pintura. Puedes pensar que no es «necesario», pero solo se trata de tu opinión; obviamente, eso no es lo que consideraron las personas que pagaron esas cantidades. Millones de individuos alrededor del mundo se sienten movidos e inspirados por el arte. Este constituye mucho más que solo un lujo, es un factor importante en la ecuación de la vida y el desarrollo de la humanidad.

La fotografía más cara de la historia se llama Rhine II, y fue tomada por el artista visual (fotógrafo) alemán Andreas Gursky. En el año 2001, el coleccionista que compró la fotografía pagó más de cuatro millones de dólares por ella. Podríamos pensar que tal coleccionista está «loco» y que es una irresponsabilidad pagar tanto por una simple fotografía. Sin embargo, en el mercado, las personas aprecian a tal grado ese medio y esa obra, que están dispuestos a dar su fortuna a cambio de tenerla para verla y disfrutarla a diario.

Las obras de arte, desde las baratas hasta las millonarias, no solo operan dentro de las galerías de arte, los museos y las galerías privadas. También actúan y resuenan en el enorme e influyente mundo de las ideas, el cambio social, la percepción y la política.

Los más grandes artistas de la historia crearon obras de arte que influyeron en el mundo político y el desarrollo cultural. Sus obras hoy no solo son millonarias, sino que siguen influyéndonos siglos después y, en la mayoría de casos, le siguen dando gloria a Dios.

Por ejemplo, cuando uno observa las partituras originales de Bach, en el cuarteado papel amarillento claramente se puede ver lo que tal vez son las tres letras más importantes en la historia de la música: «S. D. G.».

Créeme, la voz Dios ha hablado a través del arte musical desde los lejanos siglos diecisiete y dieciocho. Sin Bach, no tuvieras la música que te acompaña temprano cada día mientras llegas al trabajo o la universidad (aunque no sea «música cristiana»). Sin Bach, no tuvieras la música con la que adoras y alabas el domingo en la mañana.

Los músicos que tanto admiramos hoy deberían recordar que están tocando y cantando gracias al legado de un artista gigante de la fe y la música: Johann Sebastian Bach. Un historiador dice que «Bach no escribía música compleja y difícil para presumir. Bach escribía música "gloriosamente bella", la música más hermosa que jamás se haya escrito [...] Bach escribía música para una audiencia diferente; era algo entre él y el Señor».¹ Su arte era importante, y aunque ni te des cuenta, te rodea en lo que vez y escuchas.

> CRÉEME, LA VOZ DIOS HA HABLADO A TRAVÉS DEL ARTE MUSICAL DESDE LOS LEJANOS SIGLOS DIECISIETE Y DIECIOCHO.

Bach es de tal estatura, que su música sigue intimidando a intérpretes y compositores, no solo por la profundidad genial de sus obras, sino por su riqueza musical. En celebración del doscientos cincuenta aniversario de su muerte, se publicó una colección de discos compactos. Las obras que se reprodujeron son tantas, que la colección viene en una pequeña maleta que contiene mil doscientas composiciones en ciento cincuenta y tres discos compactos. Una colección de música compleja, rica en belleza y elogiada por los mejores artistas y críticos de la historia, pero lo más admirable es que al final de cada obra, Bach sabía cómo firmar: «S.D.G.». A la verdad, por muy «grandiosos» e «influyentes» que pensemos que son los músicos hoy en día, dudo que haya uno que pueda acercarse tan siquiera a lo que Bach hizo.

¡Ah! ¿Quieres saber qué significan esas tres letras, «S.D.G.»? Investiga, te darán algo en qué pensar la próxima vez que tengas la tentación de asumir que el músico es más importante que la música.

Sin embargo, tenemos que comprender que un Bach, un Mozart o un Bethoven llegan a la escena mediante un proceso cultural influenciado por una cosmovisión. Lo mismo sucede hoy en día en el arte con la llegada de Picasso y Dalí; así como en la música con los Beatles, Elvis, Michael Jackson, Madona y Lady Gaga... lo que reflejan no solo son las ideas jóvenes que están emergiendo en lo más interno de la cultura (futuristas), sino también se trata de la culminación y coronación de un proceso intelectual de ideas y pensamientos acerca del ser humano, la cultura y Dios, aunque se ignore su existencia.

Esta es la razón de que resulte necesaria la presencia de jóvenes cristianos artistas, que habiendo sido influenciados por una genuina cosmovisión cristiana, lleven a culminación su proceso de desarrollo en el Reino como genuinos artistas de punta en el mundo contemporáneo; no en el círculo cristiano, sino en medio de la cultura sin Dios. Lo que se diga o se deje de decir acerca de Dios en el arte tiene consecuencias en la sociedad.

«El arte no es una cosa, sino un camino». Esta frase se encuentra a la entrada del Museo de Arte Moderno en la ciudad de México. El arte es un camino, el camino más corto al alma, es ahí donde radica su fuerza para influir en las opiniones de las generaciones. El arte es uno de los medios que Dios le dio a la humanidad para tocar el mundo espiritual; la expresión artística resulta tan poderosa que tiene consecuencias. Sí, el arte tiene enormes consecuencias.

El arte se transforma con la sociedad y expresa la cambiante opinión acerca del significado de la vida. No acepta reglas rígidas, normas, doctrinas o control. Muchos cristianos utilizan esta misma descripción en ocasiones en contra del propio arte para argumentar que el mismo se «rebela». Sin embargo, cuando analizamos el asunto con más profundidad, nos damos cuenta de que el problema no es que el arte se «rebele», sino que muchas veces no se ajusta a lo que la iglesia demanda. En la iglesia cristiana nos gusta lo homogéneo, pero el arte está muy, muy lejos de ser homogéneo.

> CRÉEME, LA VOZ DIOS HA HABLADO A TRAVÉS DEL ARTE MUSICAL DESDE LOS LEJANOS SIGLOS DIECISIETE Y DIECIOCHO.

La ciencia, por ejemplo, no es cuestión de opinión, sino del resultado de la investigación. No obstante, a diferencia de la ciencia, el arte puede ser interpretado de forma distinta por cada persona, y eso nos molesta en la iglesia, nos preocupa. En la iglesia se quiere que todos aprendan lo mismo, oigan al mismo predicador, canten la misma música, se vistan igual, actúen igual. El arte choca con esto.

Y claro, si una obra de arte toca las emociones de tal manera que hace o no hace pensar a una persona acerca de su lugar delante de Dios, es muy subjetivo. Involucra el temperamento, el estado presente emocional y también la intensión del artista. Esta aparente ambigüedad ha preocupado al liderazgo cristiano, ya que especialmente en Latinoamérica la iglesia cristiana emite una opinión de lo que la congregación debe creer, pensar y apreciar. Por lo tanto, ante una obra de arte que desarma el control de la opinión, el cristianismo se siente menos amenazado excluyendo esa obra y el arte en general de su liturgia y su estilo de vida.

Luego está el hecho de que muchas veces el arte señala lo disfuncional, lo descompuesto, y eso nos irrita, en particular en el ambiente de discurso positivista que tenemos hoy en la iglesia. Creo que por eso Dios muchas veces usó obras provocadoras puestas en escena (Ezequiel) para demostrar lo disfuncional. Quería irritar.

El arte a veces perturba la paz, y eso es bueno; nos hace movernos de nuestra zona de comodidad y nos lleva a la acción intelectual o física, a la reflexión espiritual. El arte puede exponer verdades no negociables de formas que tienen más impacto que un simple discurso; por eso a través de la historia Dios ha usado tanto el simbolismo, porque hay verdades eternas que necesitan ser impresas de forma gráfica en nuestros corazones.

Poco a poco la iglesia cristiana de Latinoamérica está comprendiendo que la necesidad humana de expresar el misterio se logra de forma más completa a través del proceso creativo, y que para muchas personas la presencia de Dios surge al mundo consciente y material a través de la creación de belleza. Esto bendice tanto al que «ve» la obra como al que la realiza. ¡Es una forma de *ekklesia*!

De forma lenta, pero segura, se está llegando a comprender que la realidad del Dios encarnado puede ser enseñada y compartida mejor a través de la actividad creativa colectiva, en lugar de solo por medio del discurso (prédica).

Desafortunadamente, la habilidad de entender el lenguaje simbólico y metafórico ha sido erosionada por aquellos que han elevado el entretenimiento cristiano —que no es malo— a la altura del arte, haciendo de la expresión musical la única forma de adoración.

Como pastor de jóvenes, creo mucho en el entretenimiento para los cristianos; es sano, constituye una buena herramienta... ¡y además, me divierte mucho! Sin embargo, no se trata de arte. La razón por la que a muchas de nuestras «celebridades cristianas» se les ha llamado «artistas cristianos» es por la falta de un arte genuino en la iglesia. Ahora bien, no me malinterpretes, algunos sí son artistas y de clase mundial, pero otros no. Es bueno que disfrutemos de un entretenimiento cristiano, pero creo como muchos que nos urge que el arte esté presente en la iglesia. También necesitamos artistas que hagan arte de calidad mundial. Y utilizo la palabra «mundial» para referirme a la calidad de las mejores obras de arte del mundo y como también a obras que se expongan en el escenario no cristiano.

> EL ARTE A VECES PERTURBA LA PAZ, Y ESO ES BUENO; NOS HACE MOVERNOS DE NUESTRA ZONA DE COMODIDAD Y NOS LLEVA A LA ACCIÓN INTELECTUAL O FÍSICA, A LA REFLEXIÓN ESPIRITUAL.

La cosmovisión cristiana de los grandes compositores de la historia daba lugar al concepto bíblico de que la proclamación del evangelio y la alabanza a Dios no se debían limitar a la acción literal de hablar o cantar las Escrituras, o de componer obras con un mensaje cristiano-religioso explícito. Resulta evidente que el conocimiento de Dios se derramó en cada grieta de la cultura a través de las obras musicales porque eran obras sorprendentes y maravillosas, aunque no estaban catalogadas como «cristianas» ni eran solo para audiencias «cristianas». Sin embargo, es innegable que estas obras provocaron una increíble inspiración espiritual y un enorme impacto cultural.

Si las obras de los cristianos que genuinamente participan en el arte son de alta calidad, hasta el mundo no cristiano las admirará. Hoy los cristianos producen muy pocas obras que sean admiradas por el resto del mundo, como sucedía con los grandes compositores de la historia.

La fe cristiana es compleja y sencilla a la vez, y se desenvuelve a través del tiempo en la sociedad sirviendo de sal y luz según la iglesia se involucre y aborde la cultura. Por lo tanto, los frutos de nuestra fe serán cada vez más evidentes conforme formemos parte del mundo del arte contemporáneo. Las ideas que el cristianismo verdadero, el de Jesucristo, tiene para ofrecerle al mundo son «ideas sal» e «ideas luz».

Cuando tuvo lugar la caída del muro de Berlín en 1989, Pepsi lanzó un anuncio conmemorando lo sucedido. De modo interesante, esta compañía eligió el coro del «Aleluya» de Handel para anunciar la nueva libertad a todo el mundo. ¡Maravilloso! Una pieza musical, una obra de arte producida por un artista con una profunda fe en Dios, se usó para celebrar mundialmente un hecho histórico de la humanidad. ¿Quién será el próximo Handel? ¿Quién escribirá la próxima pieza musical que se empleará en una futura celebración del mundo?

Una rica herencia

A través de la historia ha existido un arte grotesco que glorifica lo pagano y lo vil. En especial en los tiempos medievales, algunos artistas esclavos de sus concupiscencias produjeron obras que si bien según la técnica del día eran sorprendentes, ciertamente tocaban el mundo espiritual de las tinieblas.

No eran la mayoría y su influencia se vio limitada. Y al final, generaciones de artistas con una rica fe en Dios establecieron plataformas de desarrollo para que el arte espiritual que exaltara las virtudes de Dios pudiera producirse.

Desde el principio, muchos pintores de fe cristiana contribuyeron a la innovación de la pintura a través del estudio de los pigmentos en la naturaleza. E igualmente con el desarrollo de nuevas técnicas para la fabricación de lienzos y pinceles. No obstante, la mayor influencia tuvo lugar en el arte mismo de la pintura. Los primeros siglos de la iglesia fueron épocas maravillosas para la pintura de temática cristiana.

El arte antiguo de los primeros cristianos se dio en condiciones culturales muy diferentes a las nuestras. Las necesidades y las percepciones eran otras. Ellos nos dejaron una herencia rica en arte visual. Sin embargo, más que eso, al prender el mundo en llamas con la fe de Jesucristo, dejaron en el mundo una semilla artística que dio fruto por milenios.

La historiadora de arte, Helen de Borchgrave, dijo: «Fue fácil y muy natural para los primeros cristianos el usar las formas de arte del mundo clásico en el servicio del evangelio a fin de expresar sus apasionantes convicciones interiores, como ayudas visuales para una comprensión más profunda de la fe y para convertirlas en objetos de adoración».[2]

La historia del arte cristiano histórico implica más que solo saber acerca de los pintores medievales y ver pinturas amarillentas y agrietadas. Se trata de la historia de una de las formas en que nuestros hermanos en Cristo de épocas antiguas aprendían más sobre Dios y lo que él quería comunicarles.

Recordemos que durante milenios nuestros hermanos no contaban con la Biblia. Antes del siglo dieciséis, en el contexto de una reunión cristiana nunca se escucharon las palabras: «Vamos a abrir nuestra Biblia en...», ya que no habían Biblias que la gente pudiera comprar y leer. Si no hubiera sido por nuestro héroe Martín Lutero, probablemente las Sagradas Escrituras no estarían disponibles hoy en el lenguaje popular. Las naciones en la actualidad no contarían con una Biblia en su propio idioma. ¡Qué tragedia! Creo que todos tendríamos que aprender latín para leer y aprender las Escrituras.

Las pinturas en los fríos muros de las catacumbas y cuevas, los frescos en los cielos de las iglesias, las elegantes piezas en los altares y púlpitos, los sorprendentes vitrales que rompían la luz en mil colores, todo eso era más que solo «adornos» (aunque los ornamentos constituyen un acto de adoración también, como nos explica 2 Crónicas 3:6 cuando menciona que Salomón utilizó piedras preciosas para adornar el templo). Las grandes obras de arte que se hallaban en los templos y lugares de reunión de nuestros hermanos en los primeros siglos y las épocas subsecuentes tenían un objetivo mayor que «darle un espacio de expresión a los jóvenes artistas».

Muchas obras eran la única forma en que los cristianos podían «leer» las historias bíblicas y dejar «escrito» lo que habían aprendido. Un gran número de personas eran analfabetas, y aquellas que podían leer y escribir no contaban con una Biblia como hoy la tenemos. A la verdad, las vidas de nuestros hermanos de esas épocas son heroicas, ya que sin poseer todo lo que hoy tenemos y de lo que hasta presumimos como cristianos, lograron con muy pocas herramientas rudimentarias hacer avanzar los propósitos del Reino para la gloria de Dios y el bien de la humanidad.

A veces hemos sido muy ingratos al criticar el arte histórico de la iglesia. Si bien generaciones de idólatras le oraban y rendían culto a pinturas y esculturas, las obras en sí no eran culpables de eso, su origen no se hallaba en la idolatría; al contrario, eran la crónica de un pueblo humilde que a pesar de ser perseguido y constituir la minoría, logró cambiar la historia con las enseñanzas de nuestro querido Maestro, Jesús. Por él pintaban, por él esculpían, por él construían.

Debemos aprender a enriquecer nuestra vida espiritual a través del arte que habla de lo espiritual y nos ayuda a ver la historia de Dios desde otra óptica.

En la prestigiosa galería de arte rusa, la Galería Tretyakov, hay una avejentada pintura que es imposible de obviar. Cuelga expuesta como una joya de valor inimaginable. La mano imperdonable del tiempo no ha podido desgastar su belleza y la fuerza de su color principal, el azul cobalto. Más de quinientos años después de su creación, la obra no deja de tener un poder casi hipnótico sobre analistas, críticos del arte y la audiencia en general.

Es una obra exquisita sobre un tema bíblico tal vez de los más importantes: la Trinidad. Por milenios, pensadores y teólogos han buscado entender y describir la Trinidad, ese misterio divino que insiste en eludir la explicación lógica. El pintor Andrei Rublev (o Rubliov) les pasó por encima a todos los eruditos y mostró la Trinidad de una forma sencilla, interpretando las Sagradas Escrituras y usando la expresión artística para inspirarnos.

Magistralmente, Rublev nos cuenta la historia de la visita de los tres ángeles a Abraham. Puedes leerla en Génesis 18:1-15, pero a través de la pintura Rublev nos hace parte de la historia y nos permite ver las cosas desde ángulos que tal vez solo con la lectura no consideraríamos. Esta pintura, como muchas obras de arte, nos invita no solo a meditar en la historia, en el sujeto, sino nos invita a ser parte de ella.

El azul de la realeza en la ropa de los personajes, el significado profundo de cada símbolo, la postura y la ubicación de los sujetos, en fin, todos esos detalles que las obras de arte contienen, poseen la habilidad de darnos panoramas que la explicación pragmática no puede.

> DEBEMOS APRENDER A ENRIQUECER NUESTRA VIDA ESPIRITUAL A TRAVÉS DEL ARTE QUE HABLA DE LO ESPIRITUAL Y NOS AYUDA A VER LA HISTORIA DE DIOS DESDE OTRA ÓPTICA.

Los que tenemos más inclinación al arte somos igualmente inspirados por una obra como esta que por un fogoso mensaje del predicador de moda. Obras como «La Trinidad» nos permiten ir más allá de ser solo oyentes y espectadores, nos llevan a ser contemplativos con respecto a los temas de importancia bíblica para el cristiano.

Permíteme sugerirte que hoy lleves a cabo tu tiempo devocional basándote en Génesis 18:1-15. Lee el pasaje y luego busca la pintura «La Trinidad», de Andrei Rublev, y obsérvala. Deja que te hable, lee el análisis que otros han escrito sobre ella. Permite que la belleza de la pintura y la profundidad de su significado le hablen a tu corazón acerca de este tema fundamental de nuestra fe. Deja que Rublev te invite a ser parte de la historia de Génesis 18.

Son innumerables las obras de arte en los ámbitos de la pintura, la escultura, la poesía, la música, la literatura y otras expresiones que son parte de nuestro legado y herencia como pueblo de Dios, de modo que resulta muy triste que muchas veces el momento de alabanza y adoración el domingo en la mañana sea la única vez que estamos expuesto a algo que se asemeje al arte.

Tienes que nacer de nuevo

El Renacimiento describe un cambio de paradigma cultural que tuvo que ver con un nuevo nacimiento de la letra y el arte. Representó un avivamiento en el aprendizaje. Un despertar de la mente. Una sed de conocer. Y aunque creo que la Reforma fue mucho más positiva para la humanidad que el Renacimiento, Dios no estuvo ausente de ninguno de los dos períodos. Al contrario, el trazo de su mano puede verse claramente en cada uno.

Según las palabras de mi maestro, el filósofo Francis Schaeffer, el hombre del Renacimiento asumía que era grande por el arte tan espectacular que desarrollaba, pero el hombre de la Reforma sabía que era grande porque Dios lo había hecho así.

Y Dios, usando a sus hijos en el Renacimiento y la Reforma, nos contaba su historia por medio de un arte maravilloso que aún hoy nos quita el aliento.

El período del Renacimiento tuvo lugar en los siglos quince y dieciséis, y dio como resultado un avance gigantesco en el arte y la ciencia. Dios usó al hombre del Renacimiento para contar su historia a través de la ciencia, pero usó al artista cristiano del Renacimiento para que el mundo se comunicara con él.

El Renacimiento tuvo una característica muy particular. Además de música rara y pinturas donde todos los sujetos tenían rostros tristes, nos dio la integración del arte y la ciencia.

A diferencia de los límites tan claros que se establecieron en períodos subsecuentes de la historia, el arte y la ciencia se superponían en el Renacimiento. En muchos casos se trataba de una sola disciplina. En otros, los artistas usaban la ciencia para refinar su técnica y su expresión.

A un costado de la Catedral de Florencia, en Italia, sentado mirando hacia arriba, se encuentra un tipo que muestra una calvicie en el centro de su cabeza y pelo rizado a los lados. La primera vez que lo vi se me pareció a Larry, el de los Tres Chiflados. Lo que observa es el imponente domo de la iglesia, y el tipo no es Larry, sino nada más y nada menos que Filippo Brunelleschi, diseñador de joyas, arquitecto, ingeniero y matemático; es decir, un artista y científico a la vez. Él fue el maestro diseñador del domo de la Catedral de Florencia, e inmortalizado en escultura, permanece sentado mirando con orgullo el domo que diseñó.

En círculos menos románticos y más académicos es mejor conocido como el padre de la perspectiva lineal. Él junto con dos amigos, Masaccio y Masolino (otros dos artistas del Renacimiento), estaban interesados en las matemáticas, lo cual hizo posible la perspectiva matemática en sus obras. En sus pinturas, el cálculo matemático hacía posible que espacios bidimensionales fueran reproducidos como tridimensionales a través de la colocación precisa de planos y ángulos (por ejemplo, en «La Trinidad», de Masaccio y «La Anunciación», de Masolino). ¿El artista era científico, el científico era artista o los dos eran uno?

La línea borrosa entre la ciencia y el arte en el Renacimiento nos dio artistas como Miguel Ángel y Leonardo da Vinci. Para ellos la pintura y la escultura nacían en la disección de cuerpos humanos. Ellos eran anatomistas, estudiando el cuerpo humano; eran artistas, plasmando la figura humana en la piedra y el lienzo.

La exploración de nuevos mundos llevada a cabo por Cristóbal Colón, la investigación de los cielos, el análisis del movimiento, el estudio de la óptica, entre otras cosas, hicieron que brotara un alucinante desarrollo de instrumentos de exploración como el globo terráqueo, la brújula, el cuadrante y el telescopio.

Los artistas que estaban interesados en la ciencia, las matemáticas y la exploración añadieron el nuevo conocimiento a su técnica e incorporaron los nuevos instrumentos a sus pinturas.

El mundo del Renacimiento era un popurrí de múltiples campos académicos, científicos y artísticos mezclados, amalgamados, informándose unos a otros, enriqueciendo el conocimiento y haciendo avanzar a la raza humana. Y Dios estaba en medio de esa historia; la iglesia estaba en medio de esa historia. Los cristianos hacían historia en el centro de la cultura. Hoy, lastimosamente, esto no es así, sin embargo, Dios te llama a que formes parte de la historia contemporánea del arte. Aunque tal vez muchos artistas contemporáneos estén corrompidos, Dios está presente en esa rama de nuestra cultura. Hace falta un avivamiento, un despertar, un nuevo nacimiento en el arte provocado por grandes pensadores y artistas como tú. ¡El «artista cristiano» tiene que nacer de nuevo!

Giotto di Bondone, un artista con nombre de restaurante italiano, fue un pintor que cambió la historia y no solo del arte, sino de la humanidad. Se considera que él fue el que abrió la primera ventana para que entrara la luz del Renacimiento. Como artista, no solo pintó su mundo según la veía, sino también lo hizo con un estilo innovador, abandonando el estilo bizantino y dando paso a nuevas formas de ver la vida en el arte y la ciencia.

Dios utilizó el pincel de Giotto, pero también hizo uso de sus ojos. Giotto introdujo al mundo la pintura de la naturaleza como Dios la había creado; sus obras fueron las primeras en describir de forma realista lo que Dios había hecho. Antes de él, las dimensiones de las personas y los objetos en la naturaleza eran a discreción, Giotto comenzó a ser fiel a las dimensiones originales del Creador.

Este artista empezó a pintar con la perspectiva apropiada de la naturaleza. Creía que el mundo creado era importante, ya que fue hecho por Dios, de modo que en sus obras la naturaleza tenía el tamaño correcto, algo que no era común en esa época.

Giotto era pintor y arquitecto. Pintó frescos que aún se pueden apreciar como la famosa «Adoración de los magos», donde incluyó una representación del cometa Halley. La sonda espacial enviada para estudiar al Halley en 1986 fue llamada «Giotto». ¡Vaya ejemplo del arte impactando al mundo!

Como arquitecto, Giotto diseñó uno de los edificios principales de Florencia, el cual mostraba un diseño futurista en su época. Era un visionario, cuya vida y obras inspiraron a artistas tales como Miguel Ángel, que vivió ciento cuarenta años después.

> AUNQUE TAL VEZ MUCHOS ARTISTAS CONTEMPORÁNEOS ESTÉN CORROMPIDOS, DIOS ESTÁ PRESENTE EN ESA RAMA DE NUESTRA CULTURA.

En los pasillos de los institutos de estudio de historia se cuenta que Dante, el poeta, usó una obra de Giotto («El juicio final») como inspiración cuando escribió su *Infierno*. Tú también deberías ver y estudiar sus obras, tal vez cinco siglos más tarde Giotto pueda inspirar al genio artista que llevas dentro. Puede que te lleve a producir obras como las de Miguel Ángel o a cambiar el mundo de la literatura y el lenguaje como lo hizo Dante. ¡Quién sabe, tal vez en el futuro los científicos nombren una sonda espacial en tu honor!

El artista del Renacimiento fue evolucionando. Estos hombres se esforzaban por llevar a cabo un arte más profundo y tocar el mundo espiritual. Años después del Renacimiento, surge uno de los artistas que más me gustan, el maestro de la luz.
Rembrandt surge como una estrella fugaz un siglo después del

Renacimiento. Él es conocido como uno de los pintores europeos más grandes de todas las épocas. Se le celebra por su contribución al arte y se le reconoce como un pintor barroco y hombre de la Reforma con una profunda fe en Dios.

Rembrandt, como artista, conocía la humanidad frágil de la gente y podía representar a los sujetos no solo como pecadores, sino como personas arrepentidas. Cuando estudias la historia de Rembrandt, su vida te cautiva y entiendes cómo fue posible que pudiera trasmitir tanta humanidad, tanto la de Cristo como la de otras personas que aparecen en sus pinturas. Por ejemplo, identificarse con el sufrimiento y la culpa de la historia de la Pasión era tan importante para Rembrandt que en sus siete maravillosas obras sobre la Pasión de Cristo uno piensa más en lo humano que en lo divino.

Más que cualquier artista, Rembrandt se esforzó por darle una realidad humana al rostro de Jesús. Ningún otro artista ha podido dotarlo de la misma bondad radiante como este holandés fue capaz de hacerlo. Su obra, diferente al «arte cristiano» de su época, revelaba la profundidad espiritual de Rembrandt, una espiritualidad muy única y real.

De sus obras, tal vez mi preferida es «El descendimiento de la cruz». No sé, cuando la vi por primera vez, me adentré en la historia, me perdí en la pintura. En primer plano aparece la figura regia de un maestro y hombre sabio, Nicodemo, alguien que solo se menciona en el Evangelio de Juan. A la izquierda está María desmayada, casi ni se distingue. José de Arimatea es el que ayuda a bajar el cuerpo de Jesús. ¡Qué ejemplo! Este era un hombre rico que se había convertido en discípulo de Jesús y que bien podía haberle ordenado a sus empleados que bajaran el cuerpo; pero no, lo hizo él mismo. El propio José ayuda a bajar el cuerpo ensangrentado y sin vida de su amado Maestro. Vestido de azul aparece Rembrandt. En un autorretrato, Rembrandt van Rijn se coloca sobre una escalera a fin de ayudar a sostener el cuerpo de nuestro Señor.

Mateo 27:57, 58 adquiere un significado muy personal para Rembrandt y todos aquellos que ven la pintura y aprecian el sacrificio de Jesús en la cruz. Sin embargo, no se trata solo de algo muy personal, sino la pintura cobra también un sentido muy profundo. Creo que muchos de los que la hemos visto sentimos que José, Nicodemo y los otros están lejos de nuestra historia, pero muy bien podríamos ser Rembrandt, no por considerarnos pintores talentosos, sino personas que ayudan a bajar a Cristo de la cruz porque nuestros pecados ayudaron a clavarlo ahí.

El museo que tiene esta pintura en Munich es realmente privilegiado. Lo terrenal, lo humano en la pintura marca un hito. La sangre en el madero, el cuerpo de nuestro Señor sin vida, pálido y frío, no era la norma. Hay pinturas similares, especialmente una en la Catedral de Amberes, Bélgica, proveniente de otro talentoso pintor, Rubens. Sin embargo, Rembrandt logró confrontarnos con la humanidad de Cristo y la nuestra de una forma especial. Rembrandt cambió la imagen del Cristo de una divinidad remota e inalcanzable a la de un hombre común, con un cuerpo humano maltratado y pisoteado como lo describe Isaías 53.

Casi ningún otro artista había hecho esto antes de Rembrandt; a Jesús lo pintaban con un aura de deidad inalcanzable. La naturaleza visceral, emotiva y mortal es la que Dios usó aquí como voz para cambiar el arte a través de la realidad y la historia humana de un pintor. El Jesús que Rembrandt comenzó a pintar estaba hecho con pincel protestante y pintura de la Reforma; un Jesús que hablaba al corazón directamente y no una deidad inalcanzable que vivía solo en los cielos. Era el «Hijo del hombre» y no el «Hijo de Dios».

No son muchos los artistas que han podido alcanzar la pureza y la tonalidad de la luz que Rembrandt lograba en sus pinturas (te exhorto a que veas «Filósofo meditando»). Hay muchos que observan una pintura de Rembrandt y no sienten nada, no «ven» nada, pero eso no quiere decir que Dios no haya hablado a través de las obras del que probablemente es el pintor más talentoso de Holanda. De modo interesante, a través de la historia del arte uno puede apreciar que la pintura holandesa de la Reforma constituye uno de los puntos más altos en la historia de la pintura de todo el mundo, llevada a ese nivel en parte por un hijo de Dios en el arte.

Jesucristo asume en carne propia una forma que los humanos pueden entender; el Verbo se hizo carne, y vivió entre nosotros y vimos su gloria. Lo que Jesús hizo fue revelar su identidad, la personalidad del Padre, de forma física. Se trataba de un tipo de «instalación», un concepto puesto en escena en tres dimensiones. Jesús no dejó de ser Hijo de Dios, no dejó de ser Dios; él se expuso, se mostró de una forma que los humanos podíamos entender, se humanizó. Y Rembrandt hizo lo mismo en sus pinturas.

El arte visual en la iglesia, o el arte de un artista cristiano en «el mundo», no es un acto aislado de creatividad. El artista cristiano debe ser como Rembrandt, exponiendo una expresión conceptual del Dios que se vuelve visible, tangible. El apóstol Juan dice en su primera epístola que lo que anunciamos es lo que hemos visto, tocado y contemplado con nuestros propios ojos (véase 1 Juan 1). Se trata de una experiencia sensorial e intelectual.

¡Si vas a ser pintor, sé Rembrandt!

Lo moderno corre por nuestras venas

El arte moderno y contemporáneo, aunque criticado por la iglesia, ha tenido más influencia en el avance del cristianismo de lo que queremos aceptar. Nuestras actividades, nuestra música, las portadas de los álbumes musicales, las cubiertas de nuestros libros cristianos, el diseño de logos, isotipos, páginas web de iglesias y ministerios, así como el estilo personal de los ministros, músicos, levitas, salmistas, predicadores y el resto de las celebridades cristianas, todos tienen el ADN de Pablo Picasso, Frida Kahlo, Robert Rauschenberg, Andy Warhol, Elvis, los Beatles, U2, Coldplay y una infinidad de artistas.

Muchos cristianos critican sin misericordia a estos artistas sin saber que el escenario mismo desde donde los censuran fue pensado primero por estas «celebridades mundanas».

La iglesia cristiana en su mayor parte dejó de ser creativa e innovadora hace mucho tiempo, y primero en el arte moderno y ahora en el arte contemporáneo estamos ausentes por completo, mirando solo con disgusto las obras que nos ofenden. Esas obras existen y ofenden porque no estamos presentes a fin de alumbrar el camino de los artistas que las producen, y no hacemos ningún esfuerzo para permitir que jóvenes cristianos brillantes se involucren de forma profunda en el arte contemporáneo.

> EL ARTE VISUAL EN LA IGLESIA, O EL ARTE DE UN ARTISTA CRISTIANO EN «EL MUNDO», NO ES UN ACTO AISLADO DE CREATIVIDAD.

En el Renacimiento, la pintura representaba al hombre con esperanza, lo simbolizaba redimible. En el arte moderno, hubo pintores que queriendo ser muy aleatorios y «sin orden» seguían la corriente filosófica predominante de que el ser humano no tenía ya significado. Pintores modernos tempranos como Manet, Monet, Renoir, Degas y otros pintaban lo que les impresionaba de la naturaleza, pero lo que les sobrecogía de la realidad ya no era suficiente, de modo que comenzaron a pintar haciendo a un lado los detalles. En 1907, el arte moderno abre el siglo con la presentación de una pintura de Picasso que cambio todo: *«Les Demoiselles d'Avignon»*, la cual era una obra novedosa. La persona, el ser humano, aparecía fragmentado, con algunos rostros cubiertos con máscaras africanas introduciendo el tema «global» y «tribal» ochenta años antes que estos términos estuvieran en *vogue*. Con eso, el cubismo comenzó a ser el gran grito de la moda artística.

Después que Marcel Duchamp develara al mundo en 1912 su «Desnudo bajando una escalera» (una de mis pinturas preferidas), se cruzó una frontera y el humano perdió su forma por completo, adentrándonos en una era donde el «significado» ya no representaba nada.

Y aun así, en medio de esa sopa fragmentada de tendencias y filosofías vanas, Dios estaba presente.

Los artistas modernos colocaban globos con pinturas de diferentes colores frente a los lienzos, luego les lanzaban dardos para que los globos se reventaran y la pintura se desparramara «caprichosamente» sobre la tela. Lo mismo hacían con los botes de pintura, los cuales colgaban sobre lienzos y eran movidos aleatoriamente por el «artista», de modo que la pintura cayera dejando patrones desordenados y caóticos. Los artistas presumían de la improvisación, lo caótico, desordenado, caprichoso y no planificado. Eso está muy bien, sin embargo, no tomaron en cuenta el orden que Dios estableció en la naturaleza por medio de las leyes de la gravedad y el movimiento. Con certeza podríamos decir que si vamos a llamarles a esos lienzos «arte», el artista fue Dios. Esos patrones «desordenados», «caóticos» y «caprichosos» tienen la firma de Dios, no solo la de un pintor *avant garde*.

El campo de la escultura no queda fuera de la voz de Dios tampoco. Si Dios creó los átomos y las partículas más pequeñas que constituyen la base de la materia, y si estableció las leyes de la refracción de los fotones (la luz), entonces la «forma» y la «materia» de una escultura le pertenecen a él y se trata de su lenguaje, no solo de la expresión del escultor. En 1961, Alberto Giacometti esculpió su inigualable obra *«L'Homme qui marchel»*, la cual se vendió por más de cien millones de dólares, pero la esculpió con átomos que Dios creó.

A finales del siglo diecinueve y principios del siglo veinte, compositores como Claude Debussy y Maurice Ravel rompían todas las «reglas» de composición e interpretación musical, ayudando a abrir las puertas hacia un mundo no explorado para los músicos de los próximos ochenta años.

En esta época nació la música electrónica. Pierre Schaeffer fue un ingiero-compositor-músico francés que literalmente inventó la música electrónica. De modo interesante, la primera «pieza» que grabó (en película de acetato fonográfico) incluía un diálogo en griego, el idioma de la razón, lo cual constituía una forma de declararle al mundo que la razón había triunfado filosóficamente sobre la fe (¡al fin y al cabo era francés!).

Schaeffer acuñó el término «música concreta». Él abordó la música desde un punto de vista filosófico según su tiempo, una época donde la iglesia ya no tenía influencia sobre las artes y la filosofía. La música comienza en lo abstracto, llegando a ser escrita para poder ejecutarla y escucharla; sin embargo, Pierre decía que había otra forma. La música podía comenzar de una forma concreta, siendo ya un sonido audible antes de ser imaginado, y luego llevar esos sonidos (básicamente «deconstruirlos») a lo abstracto.

Pierre vivió una vida muy productiva y prolífera, pero sobre todo influyente. Hoy nuestros jóvenes DJ's mezclan música en sus computadoras y ofrecen un espectáculo musical electrónico sin saber que en la primera mitad del siglo veinte un francés, un artista moderno, dio inicio a un estilo musical que pondría a bailar a generaciones enteras, y comenzó haciendo a un lado lo espiritual y deconstruyendo la música.

La música que tanto amamos hoy en nuestras iglesias y que abrazamos como sagrada pudo haber nacido en la iglesia cristiana, pero se gestó en la mente de artistas modernos bastante alejados del cristianismo. Por eso, al criticar al artista y el arte «no cristianos», de cierto modo estamos criticando lo nuestro.

Me cuesta leer la historia del arte desde 1860 hasta nuestros tiempo sin pensar en Ezequiel 22:30. Es como si Dios buscara en toda la tierra un artista que se interpusiera entre la cultura y él para que no la juzgue, pero no lo encontrara.

Así como artistas, filósofos y pensadores modernos con una vida sin Dios cambiaron el mundo hace más de un siglo y su influencia corre por las mismas venas del cristianismo de hoy, una generación nueva de artistas, filósofos y pensadores jóvenes, brillantes y cristianos necesita salir al mundo y cambiar la forma en que se hace y se hará arte.

Si una vida sin Dios como la de Pierre Schaeffer puede generar un movimiento musical mundial como la música electrónica, ¿cuánto más no podrá hacer un joven, tan solo uno, fortalecido por el Espíritu Santo y facultado por la iglesia cristiana?.

Música y acústica

Martín Lutero dijo que después de la Palabra de Dios, el arte noble de la música es el tesoro más grande en el mundo, y es posible que tenga razón.

Por ejemplo, la música abarca círculos de influencia como pocas expresiones artísticas, lo mismo que la literatura y el cine; sin embargo, como la historia infaliblemente nos ha enseñado, cuando se le permite a cristianos dedicados desarrollar los talentos que Dios les ha dado y usarlos a lo ancho y largo de la cultura (en el mundo «secular»), la historia de la humanidad es influenciada según el propósito de Dios.

Jesús tuvo una influencia poderosa en el arte, la música y la literatura. No la tuvo como artista en sí, sino por medio de la fe en él de los artistas. La música sería muy diferente hoy en día si no fuera por la pasión artística de exaltar a Jesús. La humanidad nunca hubiera conocido el concierto, la sinfonía, la cantata, la música coral.

Genios musicales que han influido a generaciones enteras de artistas le rendían honor a Dios con su arte, a través de sus composiciones. Hombres de Dios artistas de todas las épocas y todos los géneros musicales permitieron que Dios le hablara a la cultura por medio de sus obras.

Las obras de los grandes compositores, escritas en honor a Jesús, contribuyeron de modo significativo al desarrollo de estilos musicales que hoy vuelven loca a la humanidad y dieron lugar a la forma en que evolucionó el arte musical hasta ser una industria poderosa. Sin el genio de estos hombres y su profunda fe en Dios, la música hubiera quedado a la deriva.

Los amantes de la música —ya sea como arte o entretenimiento— les debemos mucho a cristianos como Bach, Vivaldi, Handel, Beethoven, Mendelssohn, Brahms, Dvorak, Stravinsky y muchos más, sin incluir a otros grandes compositores e intérpretes de una música ya más contemporánea que ha probado ser no perecedera a pesar de las modas musicales. En especial la influencia del jazz y el gospel en la música pop y el rock de nuestra era resulta innegable. Las figuras de influencia en estos géneros fueron en su mayoría hombres y mujeres de fe.

> HOMBRES DE DIOS ARTISTAS DE TODAS LAS ÉPOCAS Y TODOS LOS GÉNEROS MUSICALES PERMITIERON QUE DIOS LE HABLARA A LA CULTURA POR MEDIO DE SUS OBRAS.

Aun así, no todos vivían vidas ejemplares ni santas. Y aunque muchos influyeron poderosamente en lo que hoy es la música de alabanza y adoración, debido a sus extravagancias y a que como Elías eran hombres «con debilidades como las nuestras» (véase Santiago 5:17), posiblemente no tendrían espacio en nuestras plataformas cristianas. Sin embargo, cada uno de ellos deseaba sinceramente reflejar la gloria de Dios en sus obras musicales, y aquellos que las hemos estudiado podemos ver en ellas el *elogeo*.

Imagínate entonces lo que Dios puede hacer con tu vida y tu talento si no solo te preparas profesionalmente como músico para estar en el escenario de la cultura, sino también vives una vida santa entregada por completo a él. Contigo como artista, el mundo será otro.

En el futuro cercano veremos cómo la ciencia y el arte se fusionan más para dar lugar a obras maravillosas de expresión. La ciencia y el arte son lenguajes de Dios, y las futuras generaciones de jóvenes cristianos brillantes y talentosos estarán en esta poderosa intersección. La pregunta es si como cuerpo la iglesia les abrirá las puertas, no para que entren, sino para que salgan.

La música es mucho más que la oscilación individual de átomos a través del aire que genera una respuesta física de nuestros oídos y cerebros. Esas presiones de aire que vibran a frecuencias exactas creando una armonía tienen la capacidad de motivar nuestras emociones a tal grado que, en adoración, muchos aseguran haber tocado el corazón de Dios. Lo cierto es que Dios ha usado las leyes físicas que afectan el espectro auditivo para sostener una conversación con el hombre a través de la música.

La ciencia necesita investigar esto a nivel de la física (en la energía) y del audio para mejorar cómo el oído percibe la música. La tecnología que se ha desarrollado a través de la historia para el arte musical ha sido en su mayoría inventada para la música sacra.

Los teclados que hoy tenemos en la iglesia tienen su origen en los órganos de viento de hace siete siglos, y estos aprovechaban la acústica de la iglesia. Fue en la iglesia y en la música sacra que nacieron muchos de los instrumentos que hoy suenan en las mejores salas de conciertos. Y fue en la iglesia que se vio la necesidad de «diseñar para oír».

Los primeros inventores y fabricantes de instrumentos musicales eran artesanos obviamente llenos del Espíritu del Creador para crear aparatos que moverían el corazón de la humanidad y llevarían gloria a Dios.

Uno de los organistas concertistas más celebrados en la historia fue E. Power Biggs, quien afirmaba que «un organista tomará toda la reverberación que le sea dada y luego pedirá más [...] Muchas de las obras de Bach para órgano eran diseñadas a fin de explorar la reverberación. Consideren por ejemplo la pausa que sigue la adornada proclamación que abre la famosa "Tocata y fuga en re menor".

Obviamente, esto es para gozar de las notas mientras permanecen sostenidas en el aire».³

Los primeros problemas de acústica fueron resueltos para las primeras catedrales, porque en ese entonces no había micrófonos y altoparlantes para ayudar a que la homilía fuera escuchada por todos. Los templos eran diseñados por maestros arquitectos que lograban que la voz humana se proyectara con facilidad. Lo mismo sucedía con el teatro. La verdad es que las famosas salas de conciertos no existirían si no fuera porque Dios quería interactuar con el mundo a través de la música y la obra teatral.

Las primeras estructuras arquitectónicas, por falta de conocimiento acerca de la ciencia de la acústica, eran lugares complicados para interpretar cualquier tipo de música. El ingenio humano resolvió el problema escribiendo música que se adaptara a la localidad arquitectónica. Por ejemplo, el canto gregoriano (el cual a mí me fascina) fue escrito en los tiempos medievales a fin de usarse en catedrales que tenían una reverberación larga.

La música de alabanza y adoración de entonces era muy diferente a la de hoy en cuanto a estructura rítmica y armónica, pero comparte algunas similitudes interesantes. Las dos tienen una profunda emotividad y son muy personales, permitiendo que la audiencia se identifique con Dios.

Hoy en día casi nos quedamos sordos en la iglesia y los conciertos cristianos, sin darnos cuenta de que toda esa infraestructura de audio y producción instrumental probablemente no existiría sin el humilde comienzo que tuvo en las iglesias y los coros de adoración de hace seis siglos.

Para aquellos que hemos trabajado en el campo de la grabación y la producción de audio, no es un secreto que la industria del audio y el vídeo le debe mucho a la iglesia cristiana, ya que ésta ha sido uno de sus principales usuarios.

El estudio dedicado y profesional en este campo resulta imperativo para la iglesia. El mundo (y la iglesia también) requiere de expertos en el campo que con ciencia y arte contribuyan como lo hicieron los primeros productores y sonidistas, los cuales en esos siglos eran artistas arquitectos.

Y al igual que los arquitectos de antaño que Dios usó para conversar con su pueblo a través de la música, los que hoy laboren en este campo tienen que ser artistas y científicos. No solo se trata de saber enfocarse en las moléculas oscilando en frecuencias identificables ni de escribir «una buena rola». El campo es mucho más profundo que esto.

Nuestros sentidos del olfato y el gusto involucran reacciones químicas. Nuestra «vista» es luz que llega al ojo a través de la pupila; fotones que se estrellan contra las células receptoras visuales causando estímulos. Sin embargo, de modo interesante, nuestro sentido auditivo es puramente físico. Nuestro «oír» sucede cuando las ondas de aire chocan contra nuestros tímpanos, los cuales vibran físicamente para transmitir impulsos al nervio.

Todo esto nuestro cerebro lo interpreta en nanosegundos. Dios ha establecido las leyes de la naturaleza de tal manera que todo funciona sin desviación, permitiéndole al hombre manipular la energía (para lo cual hay que saber ciencia) a fin de crear hermosura a partir de ella (para lo cual hay que saber arte).

Los grandes artistas tienen que estudiar los fenómenos naturales de modo que puedan plasmar la realidad que ven. Monet, Rembrandt y muchos otros estudiaban cómo la luz interactuaba con la materia para reproducirla en sus obras maestras.

Galileo encarnaba lo que significa ser científico y artista, y estas dos categorías se complementaban en su vida. Una vez escuché una conferencia de Joseph Koerner, historiador de arte y profesor de Harvard, en la que dijo que Galileo podía usar la luz y las sombras para identificar los cráteres en los planetas y las lunas de Júpiter en parte por su trasfondo artístico. Sus estudios sobre perspectiva cuando estudiaba pintura lo ayudaron a entender las proyecciones que veía con su telescopio. Sabemos también que Galileo tenía experiencia apreciando el arte y un buen oído musical; su padre era un reconocido músico y *luthier*.

El científico y el artista pueden residir en el mismo corazón y descubrir cosas maravillosas del universo para la gloria de Dios. La ciencia de la música, la ciencia de la acústica, la ciencia de la producción teatral, todas necesitan de un artista que las entienda y las ayude a continuar siendo un medio para que Dios le hable a la cultura.

> LOS GRANDES ARTISTAS TIENEN QUE ESTUDIAR LOS FENÓMENOS NATURALES DE MODO QUE PUEDAN PLASMAR LA REALIDAD QUE VEN.

¿Necesitamos el arte?

No. Esta es la respuesta si la das desde el punto de vista de la jerarquía de las necesidades humanas según la iglesia hoy en día.

Sin embargo, no puedes explorar el corazón humano sin encontrarte con la enorme necesidad de expresión personal. Y eso es lo que se nos ha olvidado en la iglesia. Pareciera que a la única persona que Dios autoriza a expresarse es a la que predica, y el único lugar donde lo puede hacer es detrás del púlpito.

El propio tabernáculo era una galería de arte. Cada escultura, cada pintura, cada bordado significaba algo importante para Dios y la persona que lo estaba viendo. Se trataba de recordatorios visuales. No eran objetos pragmáticos, sino símbolos para recordar. Era arte.

Resulta interesante que en el tabernáculo la expresión artística menos utilizada era la música, mientras que la más frecuente era la visual. Es algo hermoso. Dios diseñó los objetos y las muestras de arte visuales, y le dejó al corazón del hombre la expresión musical.

Sin embargo, hoy en la iglesia negamos lo visual y divinizamos lo musical. El cristianismo latinoamericano aún no está listo para investir de sacerdocio al artista visual, plástico, literario y escénico como lo ha hecho con los que se dedican al ámbito de la música. Esto es producto del *glamour* con que nos ha infectado el espíritu de este mundo al seducirnos con la imagen de los «artistas del entretenimiento», de los cuales los más famosos son los músicos.

La contemplación, la adoración y la alabanza colectiva del cuerpo de Cristo constituyen una respuesta, una acción detonada por un acto individual. Eso es arte. La expresión individual del «líder de alabanza» logra la expresión colectiva de la comunidad. Del mismo modo, también está la reacción personal de cada individuo ante una obra de arte.

San Agustín dijo que debemos amar a Dios en todas las cosas, y todas las cosas las debemos amar en Dios. Por lo tanto, debemos amar a Dios en el arte y al arte lo debemos amar en Dios. Es decir, cuando nos gozamos del arte en Dios, estamos gozándonos de Dios mismo.

Es por eso que necesitamos una reforma de las artes en la iglesia. No estoy hablando de «conquistar las artes en el mundo» o de «tomar posesión de la artes», pues ellas ya nos pertenecen. Si acaso sentimos que no las poseemos, no es porque el diablo nos las robó, sino porque los cristianos las abandonamos en el desierto y hemos dejado que nuestros artistas se queden ahí como huesos secos.

Algunos les estamos profetizando entonces a esos huesos secos. Y les estamos hablando a su futuro y declarándoles en el nombre de Jesús que vivan y expongan. ¡Que hagan arte en el mundo y la cultura donde Dios los ha puesto!

¿Necesitamos el arte? ¡Sí!

El ser humano lo necesita, porque en lo profundo del corazón del hombre, Dios colocó el lenguaje del arte para que nos comunicáramos en lo espiritual. Es mi opinión que por esta misma razón el caudal de jóvenes artistas que hoy están escondidos en la iglesia no se podrá detener. El arte no se puede impedir ni contener. Nuestros jóvenes artistas, al no encontrar espacio de expresión en la iglesia, lo encontrarán fuera de ella, lo cual será maravilloso, porque el mundo tendrá una vía, una ventana, una puerta para tener acceso al corazón de Dios.

En la Basílica de San Pedro en Roma encontramos a una mujer, una madre llorando la horrenda realidad de la muerte de su hijo. La mujer lo sostiene sobre sus piernas. Abrazando el cuerpo sin vida que como un lienzo se dobla entre sus brazos, el rostro de la mujer muestra el profundo dolor de la pérdida. Con la tristeza única de una madre que sufre por su hijo, sus ojos se deslizan sobre el cuerpo torturado de su «bebé» ahora ya hombre. Y como cuando lo mecía de pequeño, pareciera moverlo con la esperanza de que despierte.

La belleza de los minuciosos detalles cincelados en mármol de Carrara se ve contrastada solo por el horror de la realidad de la historia: María sufre la pérdida de su hijo querido, Jesús. Hasta el más ateo traga saliva y se esfuerza por poner un rostro estoico al ver la *Pietá* de Miguel Ángel. Esta escultura ha movido el corazón del mundo y cuenta la historia de la madre de Jesús, pero hace algo más: nos hace sentir lo que a diario todos deberíamos sentir, ese dolor por la muerte de nuestro amado Maestro.

Mucho más allá de la maravillosa técnica que expone la *Pietá*, está el hecho de que Miguel Ángel logra comunicar algo de la verdad del hombre. El cuerpo quebrantado de Jesús y el quebranto emocional de la mirada de María hablan del corazón quebrantado del hombre. Miguel Ángel logró hacer visible lo invisible.

Él consiguió que los pensamientos de María se convirtieran en los nuestros. Ningún científico puede lograr eso, ningún predicador puede hacerlo, solo la mano de un artista con el talento dado por Dios es capaz de movernos a pensar lo mismo que María pensaba. La humanidad se ha comunicado con el mundo espiritual —se ha comunicado con Dios— a través de obras como la de Miguel Ángel, obras que acercan el corazón del hombre al corazón de Dios.

Cuando vi la *Pietá*, en lo único que podía pensar era en las palabras de Zacarías 12:10: «Y entonces pondrán sus ojos en mí. Harán lamentación por el que traspasaron, como quien hace lamentación por su hijo único; llorarán amargamente, como quien llora por su primogénito». Solo un artista puede llevarte a otro lugar para encontrarte con frases que rasgan el corazón.

Jean-Jacques Rousseau decía que el mundo de la realidad tiene sus límites, pero que el mundo de la imaginación no tiene fronteras. Por eso es necesario el arte.

El arte y los artistas son necesarios para el Reino, ya que la imaginación y el sentido de descubrimiento son importantes para la adquisición de nuevo conocimiento. La curiosidad estética ha sido una virtud que Dios le ha dado a la humanidad, de modo que sus hijos tenemos la responsabilidad de llevar esa virtud a nuevas alturas en la cultura donde él nos ha puesto. Miguel Ángel lo hizo hace quinientos años. Sí, la *Pietá* tiene quinientos años, así que pienso que está llegando el tiempo de que surja otro escultor que como Miguel Ángel le presente al mundo la historia de Jesús, su sufrimiento, muerte y resurrección.

Los artistas

Las primeras personas que sabemos fueron llenas del Espíritu de Dios no fueron apóstoles, reyes ni sacerdotes... fueron artistas: Bezalel y Aholiab (véase Éxodo 31).

La Biblia comienza con arte: la creación, y termina con arte: la nueva creación. ¿Acaso no vemos eso? Y en medio de esa historia, Dios usa a personas imperfectas, quebrantadas, descompuestas, individuos de reputación cuestionable, sí, artistas, para tejer una historia, un guion de amor. Dios nunca marginó a los artistas. ¿Por qué lo hacemos nosotros hoy?

A pesar de sus cuestionamientos y aparente rebeldía, su excentricidad al vestirse, su estilo de vida iconoclasta y su inconformidad con las normas, Dios usó a los artistas... y me atrevo a decir que no es «a pesar», sino precisamente porque son como son es que Dios ha usado, usa y seguirá usando a los artistas.

EL ARTE Y LOS ARTISTAS SON NECESARIOS PARA EL REINO, YA QUE LA IMAGINACIÓN Y EL SENTIDO DE DESCUBRIMIENTO SON IMPORTANTES PARA LA ADQUISICIÓN DE NUEVO CONOCIMIENTO.

El libro de Apocalipsis nos dice que estamos preparando una boda, una fiesta. Sin embargo, a veces parece que estuviéramos organizando un funeral. Una boda necesita belleza, música, baile, adornos, poemas, arte, diseño de modas, arreglos florales y otros muchos detalles que involucran a artistas de diferentes géneros. Sin embargo, al ver la liturgia de la iglesia en general y el lugar que se le deja a las artes, pareciera que para lo único que se está preparando es para una boda que incluirá solo cantos y discursos, sin darle importancia al diseño, el color y lo visual. ¡Qué aburrido!

El artista sabe que lo observable, lo que podemos ver, es apenas el comienzo de una senda que nos lleva a descubrir más de la realidad que Dios creó. El problema es que la iglesia en su mayoría requiere de pruebas pragmáticas en lugar de misterio, y su liderazgo está satisfecho únicamente con lo que le gusta y puede interpretar. El artista tiene una agudeza dada por Dios para ver las virtudes y peligros de lo invisible, y al igual que la predicación en muchos púlpitos, lo que el artista expresa es solo una interpretación. ¿Por qué se valora más lo que se dice desde el púlpito que lo que se expresa por medio de un lienzo o un poema? Esta será una pregunta que habrá que contestar delante del trono de Dios, que probablemente fue esculpido por artistas maravillosos.

En el siglo diecinueve comenzó a desarrollarse un pensamiento racional y pragmático para defender la fe, lo cual fue un movimiento necesario. Sin embargo, eso hizo a un lado al artista, ya que no había lugar para la interpretación subjetiva de las cosas. No hubo —ni lo hay ahora— lugar para aquellos que con habilidades maravillosas dadas por Dios podían tratar de representar la realidad invisible, pues la iglesia quería solo lo visible. Por tal motivo los últimos grandes artistas con una profunda fe en Dios en las esferas de la música, el teatro, la posea, la pintura y la escultura se encuentran llevando a cabo su arte fuera de la iglesia. Los artistas perciben las cualidades invisibles de la realidad, pero los hemos forzado a servir únicamente a lo visible, utilitario, pragmático, medible y vendible.

Edward Steichen, el celebrado fotógrafo, afirma que todos los demás artistas empiezan con un lienzo en blanco, un pedazo de papel, pero el fotógrafo comienza con el producto final. O sea, el fotógrafo trata de hacer visible lo invisible, intenta que veamos lo que pasamos por alto.

Robert Bresson es informalmente considerado como el «santo patrón» del cine. Claro está, en nuestra cultura cristiana actual, donde el arte cinematográfico se halla apenas en su infancia, es probable que nadie haya oído hablar de él. Sin embargo, este hombre es admirado por aquellos que conocen de manera genuina sobre el séptimo arte, los cuales reconocen su contribución única a la industria cinematográfica. Sus obras tienen un alto contenido espiritual y se distinguen por la temática cristiana que les pudo imprimir. Él influyó de manera única y poderosa en la vida de grandes productores y directores de cine a través de *Notas sobre el cinematógrafo*, un libro que publicó en 1975 y es considerado uno de los más importantes en cuanto a teoría cinematográfica y crítica del cine.

Bresson, este elegante francés con un estilo inmaculado de vestir, decía que como artista tienes que «hacer ver lo que sin ti nunca se podría ver».

Creo que los hijos de Dios que han sido dotados con el talento artístico de la fotografía o la cinematografía, según las palabras de Bresson, deben hacer ver las virtudes que sin el arte no se podrían ver.

Así que es triste que en muchas de las iglesias hoy en día los artistas sean los marginados. Algunos hasta viven vidas secretas de artistas para no ser disciplinados por el «Sanedrín», que ignora el llamado santo que Dios les hace a muchos artistas.

El estilo de vida del artista puede ser una amenaza a lo homogéneo de la iglesia. Las preferencias personales en cuanto a la forma de llevar el cabello, la vestimenta, los colores y otros detalles chocan con las normas de la iglesia precisamente porque se trata de artistas, que son creativos y desean ser diferentes. La iglesia asume que vestirse así, o tener el pelo de ese color y esa manera, significa parecerse mucho al mundo, aunque esa declaración la haga algún líder vestido de saco y corbata que se parece mucho a los ladrones y estafadores de cuello blanco, los cuales también se visten de traje.

Por cientos de años Dios y el artista fueron cómplices en lo que respecta a redimir al hombre «caído». El hombre contaba la historia de su muerte moral y espiritual, pero también contaba la historia de su redención. Y en ese tiempo, la iglesia respaldaba al artista, lo promovía, lo patrocinaba.

Durante la era del Oscurantismo en Europa, cuando una iglesia apóstata declaró que ya no se someterían al «consejo de Dios», cientos de artistas junto con otros cristianos fueron cazados como animales entre los pueblos, colinas y bosques por su fe en Jesucristo.

Durante este período, que fue parte de la Inquisición, cuando se quiso silenciar la voz del pueblo de Dios, la Palabra se hizo visible a través de los ojos de los artistas. Pintores, artesanos de vitrales, escultores y artífices de la madera y los metales constituyeron un remanente, la resistencia que Dios usó para mantener su Palabra presente y latente en la cultura.

Nunca llegaremos a saber quiénes fueron nuestros hermanos artistas, porque los enemigos de nuestra fe buscaron destruir no solo sus vidas, sino su legado y reputación. Al escribir sobre esto, vienen a mi mente las palabras de 2 Timoteo 2:19: «A pesar de todo, el fundamento de Dios es sólido y se mantiene firme, pues está sellado con esta inscripción: "El Señor conoce a los suyos"».

Para artistas como estos mártires, la voz de Dios en las artes es la Palabra de Dios revelada de forma visual. Creo que como iglesia le debemos más respeto a nuestros hermanos artistas: a los de la antigüedad, apreciando y aprendiendo sobre sus obras, y a los contemporáneos que hoy permanecen muchas veces ignorados en nuestras congregaciones. ¡Dios conoce a los suyos!

Tristemente, muchos de nuestros artistas viven y sirven como exilados, y yo diría que son doblemente exilados: una vez por la iglesia que no entiende el arte y una segunda vez por el mundo que no entiende la fe.

¡Así que muchos de nuestros artistas hoy en día están adorando en templos a dioses no conocidos, porque en el templo del Dios que conocen, no los reconocemos!

Dictadores, líderes políticos y revolucionarios han envidiado por siglos las habilidades y los poderes que poseen los artistas. Hasta los reyes de Babilonia querían a los artistas de Dios después de conquistar a Israel. ¿Cómo es posible entonces que la iglesia latinoamericana en su mayoría no haya reconocido y acreditado a los artistas? Creo que es porque no los pueden controlar.

Estos individuos creativos hacen preguntas que nos fuerzan a ver las cosas desde un punto de vista diferente. Los poetas, por ejemplo, tienen un poder de observación que puede ser una fuerza para el bien al hacernos considerar temas en los que antes no habíamos reflexionado. Muchas personas se muestran melodramáticas cuando hablan del rey David como salmista, y sí que lo era. Sin embargo, lo que se aprecia de él al leer sus obras desde el punto de vista de la crítica literaria es que era un poeta, y fue su corazón de poeta el que le permitió ver y sentir cosas diferentes a todos nosotros.

> NUNCA LLEGAREMOS A SABER QUIÉNES FUERON NUESTROS HERMANOS ARTISTAS, PORQUE LOS ENEMIGOS DE NUESTRA FE BUSCARON DESTRUIR NO SOLO SUS VIDAS, SINO SU LEGADO Y REPUTACIÓN.

Por su lado, los científicos nos presentan interpretaciones de la realidad basadas en sus experiencias y experimentos; su meta es ser objetivos. Con los artistas resulta diferente, pues ellos son como visionarios, como personas con lámparas que alumbran a un posible futuro y nos permiten ver la realidad con una luz diferente a lo que antes se había considerado. El artista tiene su opinión, y la debemos escuchar y respetar aunque a veces no estemos de acuerdo con ella.

Los artistas reflejan e interpretan la cultura en que viven. Un artista es como un profeta cultural: muchas veces no solo describe lo que imagina que vendrá, sino también señala el camino que la cultura puede seguir para llegar al futuro que ve.

Muchos artistas demuestran lo que el mundo es. Algunos lo muestran como lo ven, según lo interpretan. Y otros lo representan como quisieran que fuera. Y eso está bien, ellos tienen su derecho de opinión; por eso se necesitan cristianos en el arte con una perspectiva bíblica acerca del mundo y la realidad.

Hay artistas que no son cristianos, pero cuyas obras no solo no son contrarias a las virtudes expuestas en la Biblia, sino que misteriosamente nos hablan al corazón y nos acercan a Dios. Ese es el poder del arte. Pensamos que el artista tiene que ser cristiano para que su arte de alguna manera glorifique a Dios, por eso no exponemos sus obras en la iglesia y los círculos cristianos. Sin embargo, al estar en la presencia de tales obras, no estamos ratificando la cosmovisión del artista, sencillamente la estamos respetando y aprovechando el hecho de que esa obra en particular acerca a la audiencia al corazón de Dios.

Muchas veces el artista es poco tolerante y solo piensa en su expresión, sus sentimientos, su opinión. A veces creo que se les olvida que sí existe una responsabilidad al ser artistas, y que así como ellos tienen derecho a su expresión, la audiencia tiene derecho a ser respetada y valorada.

En *La última noche del mundo*, C. S. Lewis dijo: «En los círculos más altos de la estética uno no escucha nada acerca de la responsabilidad del artista hacia nosotros. Es todo acerca de nuestra responsabilidad hacia él. El artista no nos debe nada; nosotros le debemos "reconocimiento", aunque él nunca le ha puesto la más mínima atención a nuestros gustos, nuestros intereses o hábitos». Me parece genial esta declaración, ya que muchas veces el artista dice que «no pide excusas por las ofensas que su arte produce», y luego pretende dar un discurso sobre la tolerancia cuando alguien critica los valores expresados en su obra. Si los artistas quieren tolerancia, deben pensar si la expresión justifica ofender.

En 1999, el Papa Juan Pablo II les escribió una carta a los artistas.[4] Se trata de un escrito ejemplar sobre la apologética correcta de una teología acerca del arte, así que te recomiendo que lo busques y estudies. Juan Pablo dedica su carta de esta forma: «A los que con apasionada entrega buscan nuevas "epifanías" de la belleza para ofrecerlas al mundo a través de la creación artística. "Dios miró todo lo que había hecho, y consideró que era muy bueno" (Génesis 1:31)».

En ella, Juan Pablo le asigna responsabilidad al cristiano en el mundo del arte: «Os dirijo un llamado a vosotros, artistas de la palabra escrita y oral, del teatro y la música, de las artes plásticas y las más modernas tecnologías de la comunicación. Hago un llamado especial a los artistas cristianos. Quiero recordarle a cada uno de vosotros que la alianza establecida desde siempre entre el evangelio y el arte, más allá de las exigencias funcionales, implica la invitación a adentrarse con intuición creativa en el misterio del Dios encarnado y, al mismo tiempo, en el misterio del hombre».

Luego continúa: «Pero os toca a vosotros, hombres y mujeres que habéis dedicado vuestra vida al arte, decir con la riqueza de vuestra genialidad que en Cristo el mundo ha sido redimido: redimido el hombre, redimido el cuerpo humano, redimida la Creación entera, de la cual San Pablo ha escrito que "aguarda con ansiedad la revelación de los hijos de Dios" (Romanos 8:19). Ella espera la revelación de los hijos de Dios también mediante el arte y en el arte. Esta es vuestra misión. En contacto con las obras de arte, la humanidad de todos los tiempos —también la de hoy— espera ser iluminada sobre su propio rumbo y su propio destino».

Y responsabiliza al artista en general: «Un artista consciente de todo esto sabe también que ha de trabajar sin dejarse llevar por la búsqueda de la gloria banal o la avidez de una popularidad fácil, y menos aún por la ambición de posibles ganancias personales [...] que vuestro arte contribuya a la consolidación de una auténtica belleza que, casi como un destello del Espíritu de Dios, transfigure la materia, abriendo las almas al sentido de lo eterno».

Desnudos en la iglesia

El artista es una imagen de Dios (¡todo ser humano lo es!), pero su responsabilidad no se queda ahí, ya que se le ha dado misión y talento. O sea, Dios no solo hizo al artista a su imagen, sino le dio responsabilidades (tareas, comisión) y talentos (dones). En parte por la ausencia del agente preservante del cristianismo y en parte por la pura vileza del corazón del hombre caído, el arte ha expuesto de manera equivocada la belleza del cuerpo humano y del corazón del hombre, no como Dios originalmente lo soñaba.

La sexualidad como alimento rebaja la creación de Dios. Mucha de la detracción que los cristianos expresan contra el arte y la industria del entretenimiento se debe a esta misma razón. Y sí, para los cristianos está muy clara la línea entre la moral y el morbo. Por otro lado, eso también ha hecho que muchos cristianos sencillamente desacrediten cualquier «arte» que exponga mucha piel. El problema es que no hay cómo definir cuánto es «mucho». ¿Y quién lo decide? A riesgo de sonar «relativista», creo que en cuestiones como ésta, la Biblia le asigna a cada persona la responsabilidad de lo que permite que «entre por sus ojos».

Sin embargo, sí hay absolutos, existen normas, y están en la Palabra de Dios. Sé que muchos quisieran que hubiera un versículo que dijera: «No pintarás desnudos», pero en su sabiduría, Dios no mandó a escribir tal cosa.

El arte puede contener la majestad de la imagen de Dios o la degradada y corrompida imagen de la vida que el pecado produce. El arte es solo el medio, el artista es el que plasma su cosmovisión a través del mismo. Y creo que el cristiano necesita desarrollar criterio para comprender la diferencia.

El arte debe desafiar y cuestionar, y hay una veta dentro de este que perturba las normas y las opiniones establecidas, eso es parte de la libertad del hombre. No podremos —y especialmente el cristianismo— cambiar el hecho de que han existido y existirán artistas que pretenden mover la línea moral, que presentan una opinión muy equivocada de la realidad, que pretenden «educar» a la humanidad en cuanto a cómo el mundo debería ser. No debemos olvidar que en parte el arte es una opinión, y como toda opinión la podemos comparar con lo que sabemos es un absoluto.

Sin embargo, creo que el cristianismo en Latinoamérica ha pecado al matar el arte a causa del artista con el que no estamos de acuerdo o porque nos ofenden (correctamente) los valores de las celebridades y estrellas de cine y televisión que se hacen pasar por artistas. Se nos olvida que se trata solo de su interpretación, es solo su expresión personal. Sí, ellos son influyentes y afectan la opinión de las masas, por eso mismo ya no podemos atar a los nuevos artistas de la iglesia solo al escenario cristiano.

> EL ARTE DEBE DESAFIAR Y CUESTIONAR, Y HAY UNA VETA DENTRO DE ESTE QUE PERTURBA LAS NORMAS Y LAS OPINIONES ESTABLECIDAS, ESO ES PARTE DE LA LIBERTAD DEL HOMBRE.

Necesitamos presentar la belleza en las galerías del mundo, necesitamos integrar los catálogos del arte más codiciado, necesitamos estar en las paredes de las casas de los poderosos y los muros de los pasillos de los palacios de gobierno, a fin de presentar la otra alternativa y aquello que glorifique a Dios en medio de la cultura. Necesitamos cristianos genuinos que sean artistas de cine y televisión, pero no solo en películas y programas cristianos, sino en aquellas producciones por las que el mundo real va a pagar para verlas debido a que las considera valiosas.

En este tema de la sensualidad, el cuerpo humano en el arte y la belleza, hay que dibujar una línea clara que separa el arte que glorifica las virtudes humanas dadas por Dios desde el momento de la creación y el arte que con los pensamientos de moda desea redefinir los términos y mover los puntos fijos también establecidos por Dios.

El cuerpo expresa a la persona. Ver a otra persona es entrar en contacto con alguien como uno mismo, con un individuo que fue creado a imagen y semejanza de Dios. Como tal, esa persona es igual en dignidad y no puede ser reducida a un mero objeto, ya que también es un ser humano, otro «yo». Un cuerpo nunca existe en lo abstracto, siempre es el cuerpo de otra persona. Siempre es un cuerpo creado a imagen y semejanza de Dios.

Entonces, como se expone el cuerpo creado a imagen y semejanza de Dios, se trata de un acto hacia Dios. Puede ser un acto que glorifique o un acto que envilezca. Para muchos tal vez la diferencia está clara, pero para muchos otros no, y en medio de esa complicación, los que a veces no tenemos clara la línea podemos emitir juicios basados en nuestra propia opinión queriendo que se tomen como absolutos.

Ravenna, una pintoresca ciudad italiana que entre otras cosas interesantes alberga la tumba del poeta Dante, el padre del idioma italiano, una vez fue la capital del Imperio Romano. Muchos cristianos de los primeros siglos residían ahí, los cuales eran devotos de la fe y estudiosos de las Escrituras. Algunos de los mosaicos más antiguos de Europa (y del mundo) adornan exquisitamente el interior de las iglesias en Ravenna. Los mismos datan del siglo tres, cuatro y cinco, o sea, de la iglesia primitiva y un período anterior a que la filosofía católica reinara en la iglesia. Estos antiguos mosaicos son los más cercanos al nacimiento, vida, muerte y resurrección de Jesucristo.

En estas iglesias, próceres de nuestra fe y nuestra teología, vieron bien tener arte de la más alta virtud dentro de las paredes y techos de su arquitectura. Probablemente fueron artistas griegos traídos de Atenas (¡artistas no cristianos!) los que crearon estas fantásticas e inspiradoras obras de arte. Algunas de las más espectaculares representan a Juan bautizando a Jesús y el momento en que Jesús sale del agua desnudo, como probablemente sucedió en realidad.

Estos sabios y eruditos de la Palabra de Dios sabían que no era falta de respeto que el artista representara a Jesús desnudo saliendo del Jordán después que Juan lo bautizara. Al contrario, celebraban que la realidad se pudiera expresar de manera apropiada en esa época a fin de recordar un hecho que es parte de la historia de cada cristiano, así como para hacer memoria de la obediencia que el Hijo de Dios le mostró al Padre y que cada uno de nosotros debe evidenciar en cuanto al bautizo.

Se puede enseñar y recordar el bautizo sin arte, por supuesto, así como también se puede adorar al Señor sin música, sin embargo, usamos la música porque nos mueve. Del mismo modo, Dios le dio a la humanidad la simbología y la expresión visual porque sabe que también nos motiva.

Nuestros hermanos de la iglesia primitiva no mandaron a que se le dibujaran unas hojas de parra a Jesús para que no se le viera lo que todos sabían que tenía como hombre.

No debemos tener vergüenza de lo físico y lo corporal, el pudor o el morbo cultural son una cosa; ellos están anclados a la época, la cultura regional y la opinión personal. No obstante, la representación de lo físico y lo corporal es otra cosa, y si resulta apropiado, se debe utilizar en el arte.

La separación de lo físico y lo espiritual en el arte no existió en toda la historia del primer milenio de la iglesia.

No es hasta que la iglesia y muchos de sus líderes dejan de estudiar las artes que se empieza a hacer tal división, y esto sucede debido a que la iglesia deja de entender el arte porque no lo puede controlar, de modo que lo trata de censurar.

John Milton, el poeta italiano y un artista cristiano por excelencia, creo que parafraseando a Gamaliel, dijo en su obra *Areopagítica* (o por su título completo, *Areopagítica: Un discurso del Sr. John Milton al Parlamento de Inglaterra sobre la libertad de impresión sin censura*): «Que sea nuestra aflicción si mientras pensamos que defendemos el evangelio, nos encontramos siendo sus perseguidores». Hablando de la censura, Milton explicaba que la misma no es algo que esté en el corazón de Dios. En cuanto al arte, creo que la iglesia debe ejercer criterio y no censura.

Según las normas que hoy tenemos, mucho del arte en la iglesia antigua no era «para todo público», como si se tratara de una película de Pixar, aunque todo el mundo lo veía. Los niños, las niñas, los abuelos y las abuelas. Había una enseñanza correcta en cuanto al arte y este ejercía una influencia correcta. Había una óptica correcta del cuerpo humano y la sexualidad. Hoy, como hemos perdido esa influencia en el arte que forma parte de la cultura, existe maldad y vileza; sin embargo, esa no es excusa para que no haya ninguna expresión artística genuina dentro de las paredes de la iglesia.

Nuestros ancestros no se avergonzaban del cuerpo humano, no tenían problemas con la representación de la violencia real, no se asustaban de la realidad.

El problema no está en que se represente por medio del arte lo sexual, violento, sensual o vulgar. Eso lo hace la Biblia también, a veces como una historia, a veces como literatura artística, pero lo hace. La Biblia tiene muchas historias y metáforas que si las lleváramos a la pantalla, resultarían siendo una película «solo para adultos». El problema no radica en la realidad o la imaginación del artista o el escritor en cuanto al cuerpo humano, la violencia, la sexualidad y el terror. El problema surge cuando el arte glorifica estas cosas haciendo que se borre la línea entre el bien y el mal.

La Biblia es un libro altamente sexual y violento que contiene historias de traiciones y violaciones, así como escenas de sangre, que criticaríamos si Hollywood las plasmara en películas. Sin embargo, no glorifica estas cosas, las representa fielmente, como suceden en la realidad, pero como están en la Biblia no nos molestan. No obstante, si un artista fuera a representar visualmente cómo David mató a doscientos filisteos y luego les cortó los prepucios para traerlos a los pies de Saúl, nuestra crítica en la iglesia no cesaría y pediríamos censura. Esto es resultado de la vileza, la maldad y la sensualidad que el mundo del arte sin Dios ha expuesto como «buenas» porque son una expresión. No podemos

SEGÚN LAS NORMAS QUE HOY TENEMOS, MUCHO DEL ARTE EN LA IGLESIA ANTIGUA NO ERA «PARA TODO PÚBLICO», COMO SI SE TRATARA DE UNA PELÍCULA DE PIXAR, AUNQUE TODO EL MUNDO LO VEÍA.

dejar que el mundo marque la agenda del arte en la iglesia. Solo porque la cultura sin Dios ha convertido algo santo que Dios le dio a la humanidad en algo malo, no quiere decir que debemos rechazarlo.

Las pinturas de los primeros cristianos tienen mucha transparencia, eran inocentes, no escandalizaban a los «hermanitos» y «hermanitas» ni a los líderes de la iglesia. Se trataba de un arte «apropiado», si acaso existe tal cosa. Era algo que representaba fielmente la realidad. Hoy en día, debido a la inmadurez general, existe un arte que escandaliza a la iglesia y por lo tanto se cataloga como «inapropiado». Algunos historiadores del arte y teólogos han sugerido que si los cristianos del primer siglo vieran algo del poco arte que hoy hay en la iglesia cristiana, se escandalizarían por su falta de autenticidad y naturalidad.

Ahora bien, no salgas corriendo a decirle a tu pastor que porque leíste este libro quieres pintar desnudos y hacer una exposición de arte el próximo domingo en tu iglesia.

La palabra clave en todo esto es «apropiado», y resulta obvio por la condición cultural y social que algo así hoy en día no sería conveniente. ¿Tienes derecho a expresarte como artista? Sí. ¿No es el cuerpo humano algo hermoso que Dios creó? También. Entonces te preguntas: ¿Por qué no podemos exponer el cuerpo humano al desnudo como un aporte artístico a la iglesia? Porque como audiencia hemos sido condicionados a «ver» y «pensar» de otra forma, de modo que esto sería un obvio disociador, no porque sea malo en sí, sino porque las condiciones no están dadas para hacerlo de tal modo que todos los involucrados tengan un sentimiento de inspiración y adoración a Dios.

Arte y entretenimiento

Hay mucha confusión entre lo que es el entretenimiento y lo que es el arte. El entretenimiento no es arte. El arte puede ser entretenido, y una gran producción de entretenimiento puede incluir arte, pero las dos cosas son diferentes. Sin embargo, por lo general el entretenimiento va de la mano con el arte.

La línea puede ser muy borrosa algunas veces y el impacto y la influencia del entretenimiento en muchas ocasiones es mayor que la del arte a nivel inmediato y popular. El entretenimiento comienza con el arte, emana de él. Algunos aducen que lo descompone, pero sea como sea, no habría industria del entretenimiento sin el arte.

Entre las personalidades y agrupaciones de la industria del entretenimiento que más impacto han tenido en el mundo, se reconocen dos por sobre todas: Elvis Presley y los Beatles.

John, Paul, George y Ringo transformaron la música pop y la industria musical desde ese 7 de febrero de 1964 en que llegaron a

Nueva York. El impacto de su música y sus «personalidades» abarcó mucho más que solo transformar una industria. Estos cuatro ingleses, sin querer, pusieron en movimiento engranajes culturales que desde ese día no se han podido detener.

Hay expertos que comparan el cambio de paradigma generado por los Beatles con el cambio de la época de la Era Antigua Clásica (del siglo 5 a. C. al siglo 5 d. C.) a la Edad Media. A la verdad, para el disgusto de muchos cristianos que han aprendido a no aceptar el impacto real de los Beatles, ellos fueron uno de los catalizadores anónimos de la transición del modernismo al postmodernismo. Incluso, hay formas de pensar, actuar y presentar el evangelio hoy en día que son posibles solo porque los Beatles cambiaron el mundo como lo hicieron.

La primera vez que se presentaron en un programa de televisión fue ante una audiencia de casi setenta y cinco millones de personas. Los Beatles usaron el entretenimiento como una agenda proselitista para sus causas años antes de que la iglesia cristiana pensara en usar el «espectáculo» para presentar a Jesús.

Sid Bernstein, el afamado productor y promotor de bandas *(Rolling Stones, The Moody Blues, The Beatles)*, afirmó que antes de los Beatles, solo los reyes, los papas y unos cuantos intelectuales podían esperar gozar de la clase de influencia mundial que los Beatles tenían. Solo Hitler había logrado ese poder e influencia a esa clase de multitudes.

En junio de 1967, en el primer enlace televisivo mundial, los Beatles tocaron para una audiencia global en los cinco continentes de más de cuatrocientos millones de personas. Todos estos números son impresionantes aun para nuestra época, en especial con lo adictos que somos en la iglesia cristiana a los números.

Los Beatles emergieron en un tiempo exacto en que los músicos por primera vez podían ser una influencia para los cambios sociales.

Transcurría una época en que la música era la fuerza más influyente en la vida de la juventud. Y esto lo lograron sin intentarlo. El mismo George Harrison declaró: «Éramos cuatro personas relativamente cuerdas en medio de la locura».

A veces como cristianos hablamos en contra de artistas o personas de la industria del entretenimiento sin saber que mucho de lo que hacemos como iglesia es posible gracias a lo mismo que criticamos. Está claro que los estilos de vida impropios y las agendas de valores degradados definitivamente no encajan con las enseñanzas de Jesús, pero no se puede negar la influencia global que el entretenimiento ha alcanzado.

Es frecuente escuchar que la razón por la que son de influencia es precisamente la vileza moral que presentan. Sin embargo, este no es el caso. Cualquier productor y promotor serio dirá que aunque es cierto que «el sexo vende», la influencia del artista —lo que la audiencia está dispuesta a pagar por escucharlo— se encuentra directamente relacionada con la calidad de su producción y la forma o el estilo en que se comunica con su audiencia. Los cristianos podríamos aprender algo de esto si queremos ser escuchados.

El arte es importante, es el ladrillo más importante en el muro del mundo del entretenimiento. Como iglesia, debemos permitir y promover que nuestros jóvenes con talento artístico sean cristianos en el mundo del entretenimiento. Nunca redimiremos las artes y la industria del entretenimiento contando con manifestaciones artísticas de mala calidad dentro de la iglesia, sino participando de forma directa en estas esferas, sumando, contribuyendo, siendo una parte fundamental de ellas.

Ningún artista cristiano, ninguna banda cristiana, conseguirá lo que músicos como los Beatles lograron en el mundo. No porque no tengan la calidad, no porque Dios no los respalde, sino porque están llegando «de afuera», no nacen como cristianos en el mundo del arte y el entretenimiento. La mayoría ha querido llegar usando el modelo de misiones de los últimos doscientos años, un modelo que algunos proponemos que ya es obsoleto: se llega a una cultura diferente, se les muestra qué tienen de malo, se les dice que van a ir al infierno, se les habla de Jesús, se convierten, se les bautiza y se les enseña que la Biblia afirma que tienen que ser como nosotros. En el mundo del arte y el entretenimiento eso es visto como algo aberrante. Esa es la razón por la que no nos reciben.

La verdad es que la calidad de la música, la retórica lírica, la vestimenta, la resonancia cultural, todo esto hizo más por ayudar a los Beatles que el mismo diablo, como se ha enseñado tantas veces.

> COMO IGLESIA, DEBEMOS PERMITIR Y PROMOVER QUE NUESTROS JÓVENES CON TALENTO ARTÍSTICO SEAN CRISTIANOS EN EL MUNDO DEL ENTRETENIMIENTO.

Muchos mantenemos la esperanza de que pronto veremos músicos y artistas talentosos comprometidos con la causa de Cristo, que sean los precursores de una nueva época en la cultura en medio del mundo de las artes y el entretenimiento.

El arte «cristiano» frente al arte «secular»

Las palabras «espiritual», «sagrado» o «cristiano» evocan diferentes ideas e interpretaciones, muchas correctas y otras equivocadas, la mayoría muy personales. Por desdicha para muchos, estas evidencian la separación del cristianismo de la misma cultura donde debería florecer.

Hemos diseñado un género cristiano en casi todas las categorías de la vida, y al hacerlo, contradecimos la poderosa oración del Padre Nuestro, que dice: «Venga tu reino». Esto se debe a que al establecer las absurdas divisiones de lo que es y no es cristiano como lo que es y no es bueno, estamos diciendo que el Reino de Dios solo puede venir a lo que nosotros culturalmente catalogamos como «cristiano» y «sagrado».

Sin embargo, el arte secular que criticamos fue creado por nosotros. Personalmente le cedimos la plataforma el día que nos bajamos de ella. Nuestra ausencia en el mundo de las ideas ayudó mucho a propagar los mismo valores en el arte que hoy criticamos. De modo interesante, no permitimos que nuestros jóvenes artistas participen en la redención de un mundo que contribuimos en gran medida a crear.

Jesús se mudó al vecindario del mundo, sí, donde hay arte que no es «cristiano» y no toda la música es «sagrada» ni de alabanza, donde la gente no habla un «cristianense» con acento de la Reina-Valera. El Reino también llegó a la galería de arte, la sala de conciertos, los recintos para la lectura de poemas y la pasarela de moda. El Reino llegó no para «cristianizar» las artes o conquistarlas, sino para alumbrarlas.

La actitud ha sido la de redimir las artes, y pretendemos hacerlo creando una categoría que se llama «arte cristiano», apartada del caudal principal del arte que precisamente afirmamos que queremos «redimir». Pensamos que si hacemos un arte para la iglesia, con el que los demás cristianos estén de acuerdo (¡un arte eclesiásticamente correcto!), de alguna manera lo estamos «santificando». No podríamos estar más equivocados.

El arte es para toda la humanidad. Dios lo creó para todo hombre, no solo para los cristianos.

Nuestra agenda debe ser la redención genuina, no la producción «cristiana». Una cosa es la redención de las artes y otra es mostrar el tema de la redención a través del arte (cine, pintura, música y otras manifestaciones artísticas con el tema de la redención). Está bien producir arte con temas cristianos, pero las artes las debemos redimir estando y viviendo en ellas, haciendo aportes, no diseñando una categoría exclusiva para nosotros. Si no es para todos, probablemente no es arte.

Durante la guerra civil de los Estados Unidos (1861-1865), el general Lew Wallace estaba conversando con el coronel Robert

G. Ingersoll, un famoso ateo. Ingersoll lo desafió a leer la Biblia para que se diera cuenta de que Dios no existía y todo era una fantasía. Wallace aceptó el desafío, y al estudiar la Biblia su imaginación y su corazón se derritieron ante Dios. Como resultado de su relación con Dios, debajo de un árbol, tomando la pluma día a día, escribió *Ben-Hur*, una historia que se convirtió en una de las películas más importantes del cine. Él no solo habló de la redención, sino hizo arte, produjo arte para redimir las artes. La historia, aunque publicada en 1880, hace ver como anticuadas a muchas de las historias que hoy pretendemos llevar a la pantalla y a las que llamamos «cine cristiano».

Para los que estudian cine, *Ben-Hur* es un hito en todo sentido. Entre muchas cosas, se le recuerda como la primera película en ganar once premios Oscar otorgados por la Academia de sus doce nominaciones. Serían necesarios treinta y ocho años para que otra película igualara la admiración y el respeto de la Academia: en 1997, *Titanic* igualó la obra de arte escrita por un humilde cristiano debajo de un árbol. Más adelante, en el año 2003, la historia escrita por otro artista cristiano que escribía para el «mundo» y no para la iglesia alcanzó los premios de *Ben-Hur*. J. R. Tolken, con *El señor de los anillos: El retorno del rey*, honró a Dios creando una metáfora maravillosa acerca de la historia de Dios y los hombres.

Los Diez Mandamientos es celebrada también no solo como una de las películas más épicas que se hayan realizado, sino como una de las más importantes en la historia del cine. Su director, el extravagante Cecil B. DeMille, era un sujeto definido en su fe con un conocimiento profundo de la Biblia. Él es considerado en la industria cinematográfica como «el director de directores». En una de sus más elogiadas biografías: *Cecil B. DeMille: A Biography of the Most Successful Film Maker of Them All* [Cecil B. DeMille: Una biografía del director de cine más exitoso de todos], su autor Charles Higham señala: «Siendo un fundamentalista en cuanto a la Biblia se refiere, pero convencido de que Dios no era un individuo, sino una fuerza para el bien, Cecil decidió infiltrar sus ideas cristianas dentro de la riqueza de las producciones que estaba planificando para la próxima década»

Sin embargo, según la lógica con que se ha juzgado el arte desde el punto de vista cristiano hoy día, DeMille no sería considerado ni por un segundo un «artista cristiano», ya que su arte estaba dirigido a un público fuera de la iglesia, motivo por el cual muchos le damos gracias a Dios, pues la luz cruzó las tinieblas.

El director de cine británico David Puttnam se encontraba en un hospital recuperándose de una enfermedad cuando leyó en el periódico la historia de Eric Liddell, un atleta escocés que corría para Dios. Lo conmovió tanto la convicción de este hombre, que debido a que no competía en el día del Señor no participó en un evento principal, sino corrió otro día en otra competencia donde ganó la medalla de oro, que pensó hacer una película sobre él. No obstante, consideró de forma correcta que a la gente no le iba a interesar la historia, porque no era lo suficiente dramática y no podía encontrarle el ángulo artístico. (Nuestro «cine cristiano» necesita hacer uso de este criterio, pues pensamos que nuestras historias son suficientes para exhibirlas en la pantalla.)

Puttnam entonces decidió investigar más. Conoció la historia del judío Harold Abrahams, que también corrió en las Olimpiadas de París en 1924, y decidió juntar los dos relatos: de un hombre que corría para su gloria personal y otro que lo hacía para la gloria de Dios.

Carros de fuego (1981) fue producida y llegó a ganar el premio de la Academia. ¿Y de qué trataba la película? De un hombre que corría para Dios. En la historia, el domingo que le tocaba competir por la medalla de oro en las Olimpiadas, Liddell predica en la Iglesia Escocesa de París y cita Isaías 40:32: «Pero los que confían en el Señor renovarán sus fuerzas; volarán como las águilas: correrán y no se fatigarán, caminarán y no se cansarán». La frase célebre de Eric Liddell es: «Dios me hizo con un propósito, para las misiones en China, pero también me hizo rápido; y cuando corro, siento su placer».

En mayo del año 2012, dirigiéndose a cinco mil cristianos miembros de iglesias de toda Inglaterra, Puttnam motivó al evangelismo durante las Olimpiadas de verano. Era como escuchar a un pastor movilizando a su iglesia, solo que no se trataba de un pastor, sino de uno de los directores de cine más admirados y respetados de nuestra época. Un cristiano en el arte, haciendo arte en el mundo, llevando el Reino al cine, no se aparta por eso de la labor eclesiástica de «ir y hacer discípulos».

Esto es redención. Participar en el mundo desde el mundo, ser el Reino en el mundo. Realizar «producciones ricas» (y no nos referimos a riqueza en términos de dinero, sino de expresiones artísticas) y aportar a ellas los ideales del cristianismo, vivirlos dentro de esas producciones. Entrar al paisaje y limpiarlo, en lugar de hacer un «paisaje cristiano».

Ben-Hur, *Los Diez Mandamientos*, *El señor de los anillos*, *Las crónicas de Narnia* y *Carros de fuego* nunca se han considerado películas cristianas, sino grandes obras de arte, porque eso es lo que son. Sin embargo, resulta que también promueven los valores genuinos del cristianismo. Estas películas son estudiadas en las mejores academias de cine en Estados Unidos y Europa.

> UN CRISTIANO EN EL ARTE, HACIENDO ARTE EN EL MUNDO, LLEVANDO EL REINO AL CINE, NO SE APARTA POR ESO DE LA LABOR ECLESIÁSTICA DE «IR Y HACER DISCÍPULOS».

Se trata sencillamente de un arte que no solo pretende redimir con el mensaje, sino que redime porque es verdadero, bien hecho y bello. Es genial, no solamente «cristiano». No es una historia cristiana que se grabó en film o vídeo HD y «tiene un buen mensaje». Es cine por ser hermoso, conmovedor y estar dirigido a todos.

Si insistimos en usar el término «cristiano» para definir la categoría, entonces lo que primero debe caracterizar al cine o el arte cristianos es que sea verdadero cine, no solo películas, y que sea genuino arte, no solo publicidad o entretenimiento. Después de eso, alardeemos de la categoría todo lo que queramos.

En el libro *Lo eterno sin disimulo*, hablando de una guerra espiritual en la cultura, C. S. Lewis indicó: «Por eso no son más libros sobre el cristianismo lo que necesitamos, sino más libros sobre otros temas escritos por cristianos, en los que el cristianismo de su autor se encuentre latente».[5] Él dijo esto para indicar que necesitamos cristianos que aborden todos los temas; que artistas, escritores y grandes narradores de historias presenten el punto de vista de Dios. La redención no tiene lugar porque hablemos de ella, ocurre porque la vivimos como artistas y como tales también exponemos otras temáticas que tal vez no sean frecuentes en la iglesia, pero presentan a Dios en la cultura.

Históricamente, el arte ha contado la historia del hombre y Dios. El arte se consideraba «bíblico» en el sentido de que sus temáticas eran las historias de la Biblia. El término que usan los académicos e historiadores es «arte religioso» o «arte espiritual», el cual describe una vastedad de obras que han llenado la historia. Obras que han querido explorar y expresar lo espiritual, como las películas que menciono; otras extremadamente complejas y costosas, comisionadas por millonarios, poderosos y autoridades eclesiásticas; o sencillamente aquellas que son rústicas y simples, elaboradas por artistas sencillos.

Algunas podrán ser llamativas e impresionantes, mientras que otras resultan poco complicadas y desconocidas, pero todas son «creaciones» e invitan a responder a lo divino, lo espiritual, porque cuando se asocia con la fe, el arte tiene un propósito práctico: hacer posible que la audiencia y/o el artista se acerquen a Dios a través de emociones evocadas por la obra.

En el mundo de la teología hay un vecindario pragmático muy influyente. A veces pienso que la parte intelectual del estudio de las Escrituras nos convirtió en aburridos y hasta en enemigos de las emociones (¡somos cristianos estoicos!), como resultado, se desvaloriza el poder que el arte tiene para mover las emociones y acercarnos en adoración y contemplación a Dios.

Observando la historia y el arte «espiritual» a través de los milenios, podríamos decir que el énfasis del arte en este contexto ha sido acercarnos a Dios. El arte «espiritual» ha constituido una parte integral de la fe cristiana y la adoración desde los tiempos bíblicos. Por desdicha, los últimos cincuenta años del siglo veinte fueron una época donde la ignorancia y la ingenuidad propinaron duros golpes contra el arte y los artistas dentro de la iglesia latinoamericana.

El arte ha demostrado ser una disciplina desconcertante, en especial para la iglesia, porque no se puede controlar la opinión que las personas tienen de una obra. El arte lleva a cada individuo a una confrontación entre su opinión personal y la opinión del artista. Por eso le toca a la iglesia enseñar a plenitud la Palabra de Dios, ya que al final es la única que le puede servir a la audiencia como punto de referencia en cuanto a las obras de arte. Desafortunadamente, a veces se le da más importancia a la opinión del líder de la iglesia que a lo que la Palabra de Dios declara. Y aunque la Palabra de Dios dice mucho acerca del arte y los artistas, ciertamente no habla del «arte cristiano».

El arte no tiene que ser «cristiano» (sobre algún tema bíblico) para llevarnos a profundizar nuestra relación con Dios. Si creemos que Dios puede comunicarse con su pueblo de forma tanto individual como colectiva, y si creemos que a Dios se le puede conocer personalmente de forma íntima, debemos darle crédito a las obras de arte que pueden llevar a un individuo a acercarse a Dios, aunque a otro no lo muevan al mismo lugar.

Para Jesús no había nada «cristiano» y «secular». Jesús dijo: «El reino de Dios está cerca» (Marcos 1:15), y se refirió al lugar geográfico y al ecosistema filosófico donde él estaba y donde sus seguidores caminaban y caminarían. Por eso podía hablar con académicos como Nicodemo y discutir con teólogos como los demás rabinos y los eruditos de los fariseos. Por eso podía acercarse a los leprosos y entrar a comer a la casa de Leví y Zaqueo.

Para nosotros tampoco debería existir esa división absurda entre lo «cristiano» y lo «secular». ¡El cristiano comprometido considera que el Reino ya está donde él o ella se encuentren! Por eso es necesaria la presencia profunda de cristianos comprometidos en todas las áreas del Reino, lo cual incluye el mundo del arte.

El arte no tiene que ser «bíblico» para que sea «bueno». Hay muchas «obras» de arte con temas bíblicos que andan dando vueltas por las tiendas de mercancías cristianas y la Internet, y aunque su tema sea bíblico, están tan mal hechas que se consideran «malas». Pensamos que con que sean «cristianas» es suficiente, pero nada podría estar más equivocado. La calidad de la técnica resulta tan importante como el tema.

En muchos casos se ha pretendido producir «obras» en la iglesia que resultan ser de muy baja calidad, sin embargo, se justifica la mediocridad sencillamente porque alguien afirma que han sido de «bendición». Al mismo tiempo, criticamos a artistas de calidad mundial solo porque no estamos de acuerdo con su temática.

La belleza es un tema importante en el corazón de Dios, y sé que esto será una sorpresa para muchos, pero todas las personas —incluyendo los no cristianos— pueden invocar la belleza, ya que la misma reside en todos los seres humanos desde que Dios sopló en nosotros aliento de vida.

Por eso, en las bellas obras de grandes escritores como Milton, Dante, Dostoevsky, Cervantes, Dickens, sin hablar de C. S. Lewis y J. R. Tolken, si pasas tu mano sobre el papel, podrás palpar el polvo del Maestro. La influencia de la vida y el mensaje de Jesús se evidencia en los diálogos, las aventuras y las prosas de los autores más influyentes de la historia. Aunque sus obras tal vez no «ministren». Jesús no es una leyenda entre muchas que apuntan hacia la realidad y la verdad. Jesús es la realidad y la verdad a la que apuntan todas las leyendas e historias de la humanidad. Por eso, las grandes obras hacen resonancia en nuestra alma y en nuestro espíritu, porque hablan, de una forma u otra a aquella eternidad que el hombre lleva en el corazón.

El artista, ya sea cristiano o no, puede hacer obras bellas, y siendo bellas honran a Dios, porque él y solo él es el inventor y forjador de la belleza. Como reza el dicho, la belleza está en el ojo del que la ve, y al final, el único que tiene todo el criterio para verla es Dios, así que la belleza está en el ojo de Dios, que él la juzgue. Si una obra nos gusta o no, es cuestión de un muy limitado poder de observación y juicio. Tenemos derecho a que no nos guste, pero no sé cómo podemos juzgar una obra como «cristiana» o «secular» cuando esos términos no pueden ser definidos como absolutos.

PARA NOSOTROS TAMPOCO DEBERÍA EXISTIR ESA DIVISIÓN ABSURDA ENTRE LO ‹CRISTIANO› Y LO ‹SECULAR›. ¡EL CRISTIANO COMPROMETIDO CONSIDERA QUE EL REINO YA ESTÁ DONDE ÉL O ELLA SE ENCUENTREN!

Debemos aprender a apreciar obras de artistas que no son cristianos, pues sencillamente debido a que son bellas, traen adoración a Dios aunque el autor tal vez no tuviera eso en mente. No podemos ir examinando el corazón de cada artista para decidir si la obra es «digna» de nuestra observación. Caminamos por la vida observando cosas bellas que traen sonrisas a nuestros rostros y al de Dios sin detenernos a preguntar si se trata de «algo cristiano» o no.

¿Está bien apreciar el arte de artistas que no son cristianos? ¡Sí! Si te inspira, sí.

A través de las edades, artistas sin tener un corazón entregado a Dios han creado maravillosas obras que exaltan a ese Dios que no conocían, pero que desde el trono sonreía agradado de la obra. Básicamente, lo que estos artistas no cristianos han hecho es construir altares al Dios no conocido... bueno, *no conocido por ellos*.

Muchos piensan que una obra es cristiana porque habla de Dios, y si no encuentran a Dios en la obra, la descartan. Tales personas tendrían que arrancar de sus Biblias el libro de Ester, porque no menciona el nombre de Dios. Sin embargo, es una obra literaria histórica de primer nivel.

De modo que, ¿está bien hacer arte que no es cristiano? Sí, si es bello hay que hacerlo. Y aquellos que no podemos hacer arte debemos patrocinar a otros para que lo lleven a cabo.

¿Por qué creo que la iglesia debe permitir que sus hijos estudien y se involucren en el mundo del arte, aunque este no sea «cristiano»? Porque la próxima *Narnia*, la próxima *Ben-Hur*, la próxima saga como *El señor de los anillos* puede estar en la mente de un joven o una jovencita a los que se les ha dicho que su arte solo resulta bueno si es «cristiano».

El universo se está expandiendo, por eso existe el futuro. Todo en el universo vibra y se mueve, todo avanza y cambia. Esas son las leyes que Dios estableció. Con esto en mente, debemos considerar los cambios que necesitamos hacer para afrontar el porvenir y donde se pueda, empezar a darle forma al futuro.

Desde la creación del mundo, la existencia invisible de Dios y su poder absoluto han sido claramente vistos por las mentes creativas que creen en lo eterno. Para estos individuos, el pasado y el presente son importantes, pero no tan trascendentales como el futuro.

La imagen de Adán y Dios en el cielo de la Capilla Sixtina en Roma, pintada por Michelangelo di Lodovico Buonarroti Simoni (1475-1564), más comúnmente conocido como Miguel Ángel, es una de las imágenes más poderosas que la humanidad posee. Aunque se trata de una pintura de hace quinientos años, la obra alude al pasado con la Creación, al presente a través del ser humano, y al futuro por medio de la eternidad de Dios.

En ella Dios está extendiendo su mano hacia Adán, ofreciéndole vida, amor y perdón. Miguel Ángel capturó perfectamente la esencia de la divinidad. Dios está vestido, seguro de sí mismo. Adán está desnudo, demostrando su vulnerabilidad y su deseo de comunicación e interacción.

Se trata de una imagen atemporal que nos debe hacer pensar que Dios desea comunicarse con el ser humano, de modo que mientras la humanidad exista, los hijos de Dios debemos involucrarnos a fin de ser la voz del Señor para la cultura en el futuro, una cultura prolífera con avances tecnológicos y sociales nunca antes vistos.

El problema es que se nos ha enseñado a pensar linealmente, pero tenemos que aprender a pensar exponencialmente. Precisamos aprender a pensar en el futuro, teniendo en cuenta que las acciones que hoy estamos llevando a cabo, por pequeñas que sean, tienen un impacto enorme en el futuro, porque con el tiempo su influencia y su alcance se multiplican.

Hoy nos sorprende la Internet, el auge del conocimiento y la conectividad social. Hay científicos sociales futuristas que se están haciendo preguntas: ¿Qué sucederá cuando siete mil millones de mentes estén en línea? ¿Con qué querrán contribuir? ¿Qué querrán aprender? ¿Cómo querrán asimilar tal conocimiento? ¿Qué música les gustará? Y cuando hablan de siete mil millones de mentes en línea, se refieren a mentes literalmente «interconectadas». Ya no se accederá a la información como hoy lo hacemos, sino que esta será parte permanente de nuestra mente. Suena fantástico, y lo es, pero se trata de una realidad.

El desarrollo de las computadoras cuánticas (basadas en el estado de los átomos) cambiará en el futuro cercano lo que significa «disponer de información». Y vuelvo a preguntar: ¿Dónde estamos los cristianos presentes en este campo (teoría cuántica) tan importante para la humanidad?

Cuando nos sumergimos en el ámbito de la teoría cuántica, todo cambia. Pareciera que ahí todo es relativo, y en cierto sentido es así. Sin embargo, cuando nos adentramos en este campo, uno siente haber entrado a un cuadro de Dalí: el tiempo se suspende, las memorias se derriten, lo que está «puede» que no esté... o tal vez sí. No obstante, si entramos sabiendo que Dios es el creador de toda esta «rareza» inexplicable, podemos estar confiados en que la verdad prevalecerá. Y el hecho de que allí las cosas sean relativas o no resulta irrelevante, porque Dios es el absoluto y tal vez por eso todo parece relativo.

Niels Bohr, héroe de todos los físicos y pionero de la mecánica cuántica, comentó: «Si no estás completamente confundido por la mecánica cuántica, entonces no la entiendes». Así es, nuestro lenguaje y nuestra intuición colectiva, debido a la educación que hemos recibido, se derivan primordialmente del razonamiento clásico (lineal, mecánico, causa y efecto, determinista) el cual no toma en cuenta la mecánica cuántica. Por eso no creemos, y hasta nos enfadamos, cuando nos dicen que las leyes que conocemos fracasan a nivel cuántico y no se aplican. Aun así, Dios está ahí, en la parte más confusa y abstracta de la física.

> **PODEMOS PREDICAR E IMAGINAR QUE TENEMOS MUCHA CERTEZA DE LO QUE HABLAMOS, PERO CUANDO DESCENDEMOS A LAS VASTAS PROFUNDIDADES CUÁNTICAS, NUESTRA SEGURIDAD DE TODAS LAS COSAS SE DERRITE COMO CERA.**

Siendo tan inexperto como soy en el mundo de la ciencia, no puedo dar ningún tipo de declaración científica. Sin embargo, a partir de mis estudios superficiales y amateurs de las diferentes disciplinas, creo que ninguna ciencia me presenta a Dios como lo hace la teoría cuántica: aunque sencillamente no entiendo nada, creo que comprendo algo porque no se ve, pero su existencia se puede probar por el campo energético de influencia.

¡El novelista Sir Terry Pratchett dijo que la teoría cuántica está encontrando cosas tan inauditas, que no le sorprendería ver que el ángel Gabriel saltara de detrás de alguna partícula! Así de raras son las ciencias emergentes.

El futuro nos va a acercar todavía más a los átomos y todos sus hermanitos (el resto de corpúsculos que estudia la teoría cuántica y la física de partículas). Todos estos son un tanto caprichosos. Un mismo átomo puede estar «aquí» o «allá». Al mismo tiempo puede ser «esto» o «aquello». Son confiables y estables, pero expertos en la incertidumbre. Esto aterroriza a muchos cristianos, ya que se supone que los cristianos tenemos la certidumbre de todas las cosas. Podemos predicar e imaginar que tenemos mucha certeza de lo que hablamos, pero cuando descendemos a las vastas profundidades cuánticas, nuestra seguridad de todas las cosas se derrite como cera. Dios le dio a los átomos esa personalidad de adolescentes hormonales, así que tenemos que vivir con eso. Y en lugar de pelearnos con la ciencia porque sus hallazgos no encajan con nuestra mala teología y muchas de nuestras tradiciones, debemos enviar a nuestros hijos y jóvenes a estudiar y ser lumbreras en estos campos.

Los avances en la física de partículas y la cosmología tienen el potencial de cambiar radicalmente nuestra comprensión del mundo: cómo está compuesto, su evolución, las fuerzas fundamentales que impulsan su operación, así como las leyes que determinan su existencia. El célebre físico teórico Michio Kaku dijo una vez que el mejor uso que un científico le puede dar al tiempo es emplearlo para buscar la forma de quitarle la máscara a la naturaleza a fin de ver el rostro de Dios. Y sí, habrá una época donde la ciencia tendrá esta capacidad, el futuro cercano en la física de partículas y la cosmología.

Detrás de los asombrosos descubrimientos estará la gran sonrisa pícara de Dios esperando a los científicos, ofreciéndoles sabiduría para desarrollar nuevas tecnologías que resuelvan los problemas de la humanidad. Los científicos crearán nuevas industrias, y al investigar y descubrir, darán paso a la invención de herramientas que el hombre podrá usar para mejorar su calidad de vida.

Claro, es ingenuo asumir que la ciencia y la tecnología resolverán todos los problemas de la humanidad. El evangelista Billy Graham fue unos de los primeros cristianos invitados a dar una conferencia en las reuniones de TED (Tecnología, Entretenimiento y Diseño; ted.com). Dirigiéndose a un grupo de tal vez los inventores, diseñadores y científicos más respetados en el mundo, sin temor ni temblor Graham les dijo: «Resulta sorprendente que con tanta gente inteligente en este lugar y con toda la tecnología y toda la ciencia a nuestro alcance, ninguno de los que estamos aquí podamos resolver el mayor problema del hombre: lo que está en su corazón».

Por eso, el futuro te espera. Al final, la ciencia y el arte solo pueden apuntar a Dios y al corazón del hombre. Te toca a ti como científico, como artista, ser el puente entre Dios y tu generación.

Los avances tecnológicos como resultado de la investigación científica también traen grandes cuestionamientos morales, de modo que resulta necesario que los cristianos puedan, por medio de su autoridad científica, establecer los límites basados en la moral de Dios.

«En la década de 1920, la ciencia ficción se convertía por primera vez en una expresión artística popular [...] y uno de los argumentos establecidos era el de la invención de un robot [...] Sin embargo, pareciera que los robots eran creados y luego destruían a su creador [...] Rápidamente me aburrí de esta historieta contada cientos de veces [...] En 1940, comencé a escribir mis propias historias de robots». Isaac Asimov, quien es probablemente el novelista de ciencia ficción más grande que ha tomado pluma y papel para transportarnos a otros mundos, escribió esto.

Asimov es el escritor de ciencia ficción más prolífico de la historia y posiblemente el más influyente, incluso más que mi autor preferido en este género, Julio Verne. Publicó más de quinientos libros, lo que lo coloca dentro de la lista de los veinte escritores más prolíficos que han existido. Sus obras han motivado a novelistas, guionistas de televisión y cineastas por más de sesenta años. También es reconocido por haber inspirado a miles de niños y jóvenes a estudiar las ciencias. Una de sus novelas se convirtió en un éxito de Hollywood cincuenta y cuatro años después de haberla escrito: *I, Robot* [Yo, robot].

En 1941, Asimov escribe *Runaround* [El círculo vicioso], una historia corta acerca de un robot SPD-13 apodado «Speedy», en la cual formula sin saberlo algo que cambiaría a la humanidad desde ese día en adelante. Isaac Asimov es el creador de lo que se conoce como «Las tres leyes de la robótica», siendo él mismo quien acuñara este término.

Las tres leyes son las siguientes:

1. Un robot no puede hacerle daño a un ser humano o, por inacción, permitir que un ser humano sufra daño.
2. Un robot debe obedecer las órdenes dadas por los seres humanos, excepto cuando estas órdenes entran en conflicto con la primera ley.
3. Un robot debe proteger su propia existencia en la medida en que esta protección no entre en conflicto con la primera o la segunda ley.

Soy un fanático de la ciencia ficción, de modo que tal vez por eso encuentro estas tres leyes fascinantes a nivel filosófico. Sin embargo, lo que Isaac Asimov hizo en 1941 fue predecir el futuro.

Verás, hoy la industria de la robótica ha hecho adelantos que solo los escritores de ciencia ficción podían imaginar. En laboratorios de investigación como los del Instituto de Tecnología de Georgia (Georgia Tech) y el Instituto de Tecnología de Massachusetts (MIT), así como en un gran número de compañías en Japón, se está experimentando con robots extraordinarios. Algunos tienen facciones humanas con expresiones idénticas a las de las personas. Otros, por cuestiones de la tecnología, responden a razonamientos de baja prioridad, pero funcionan muy bien.

Esto traerá todo un nuevo flujo de cuestionamientos éticos y morales. Un investigador de inteligencia artificial y robótica comentó que probablemente Isaac Asimov nunca pensó que las tres leyes que escribió iban a ser necesarias en el mundo real.

En el año 2009, un grupo selecto de científicos, investigadores en inteligencia artificial, ingenieros de robótica, tecnobiólogos, sociólogos futuristas y filósofos se reunieron en California para discutir las implicaciones del desarrollo de la inteligencia artificial, la robótica y la biología.[1]

Básicamente, estaban alarmados por los avances en el campo de la inteligencia artificial. Deseaban debatir si deberían imponerse límites a la investigación que de una manera u otra pudieran impedir que el humano pierda el control de la máquina. Su preocupación es que mayores adelantos podrían crear un trastorno social profundo e incluso tendrían consecuencias peligrosas para la humanidad.

De manera tradicional, los robots han sido fáciles de controlar, porque la mayor complejidad era el movimiento mecánico y este se programaba con códigos de instrucciones sencillas.

Con el desarrollo alcanzado en la programación y la evolución del poder del procesador según la Ley de Moore, todos los científicos están de acuerdo en que ya existen robots que pueden matar autónomamente. No porque los hayan fabricado para ese fin, sino debido a que los robots mismos tienen la «capacidad» de lograrlo.

> SU PREOCUPACIÓN ES QUE MAYORES ADELANTOS PODRÍAN CREAR UN TRASTORNO SOCIAL PROFUNDO E INCLUSO TENDRÍAN CONSECUENCIAS PELIGROSAS PARA LA HUMANIDAD.

La industria militar ha desarrollado una tecnología robótica muy parecida a la de las películas de ciencia ficción, con la diferencia de que esta tecnología es real.

Asimismo, la industria sexual es una que está como niño en Navidad, esperando el momento de poblar el mundo con robots sexuales de todo tipo. Un ejecutivo del cine pornográfico afirmó: «Esta es una nueva era para la industria de películas de adultos. Ahora nuestra audiencia no solo podrá ver la película, sino que si lo desea, le podremos enviar una replica exacta de su actor o actriz preferido, y será incluso mejor que estar con un ser humano».

La pregunta no es si los robots podrán «decidir» a quién matar o con quién tener sexo, sino cuándo lo harán. Y la respuesta de los científicos en robótica e inteligencia artificial es: «Muy pronto».

Es muy fácil poner cara de disgusto y sentir repudio ante noticias como esta. Sin embargo, me gustaría ser muy cauteloso al criticar tales avances. Aunque ciertamente reflejan el corazón del hombre sin barreras morales, los científicos han cruzado los límites porque no ha habido ningún experto en el campo lo suficiente brillante e íntegro para tener la autoridad moral de dibujar la línea y decir: «¡Yo soy la sal de la tierra y debo preservar mi mundo, así que de este límite no se pasa!».

Debemos darnos cuenta de las implicaciones morales y de cómo la cosmovisión cristiana resulta muy necesaria para salvaguardar el futuro, en especial en el campo de la robótica. Si la primera ley de la robótica establece que un robot no puede hacerle daño a un ser humano o, por inacción, permitir que un ser humano sufra daño, los cristianos debemos preguntarnos: «¿Qué significado tiene la palabra "daño" en el código del lenguaje de ensamblaje del procesador de inteligencia artificial del robot?». Porque si todo es relativo, como los humanistas y los postmodernistas afirman, entonces ningún absoluto define el término «daño». Y esto ofrece la posibilidad de que el robot, según su propia discreción, «decida» qué es lo que tal término implica.

Además, ¿qué clase de sexo es dañino? ¿Consideran que la deterioración moral del humano resulta perjudicial?

Nos enfrentamos a todo un bombardeo de preguntas que no son retóricas. Hablando de esto con un grupo de líderes cristianos, observé el fastidio en el rostro de algunos. Era obvio que encontraban irrelevante el tema, y uno hasta dijo bromeando: «Es fácil, Junior, solo tendremos que fabricar robots cristianos para conquistar a los robots no cristianos». Todos nos reímos, pero me quedé con la impresión de que no dejará de haber algunos cristianos que sincera y honestamente piensen en hacer eso.

Ciencias emergentes como la sicología evolutiva y la sociobiología han tratado de explicar el porqué del comportamiento moral. ¿Por qué creemos que algunas cosas son «buenas» y otras son «malas»? Si tales ciencias quieren encontrar respuestas a esa clase de preguntas, tendrán que acudir a científicos que conozcan al Dador de la moral. Los cristianos involucrados en estos campos serán la voz de Dios en las aplicaciones de la inteligencia artificial y la robótica.

La teoría de la información, también conocida como teoría matemática de la comunicación, es una ciencia relativamente joven. A mí me llama mucho la atención, de modo que he leído bastante acerca de la historia de la información y temas similares. Sin embargo, a veces me olvido un poco del tema cuando me doy cuenta de la cantidad de conocimientos matemáticos que requiere.

No obstante, en realidad siempre me ha interesado cómo es que hemos llegado al nivel de comunicación de información que hoy tenemos. Y según he llegado a entender, el asunto ha evolucionado básicamente de esta manera:

Primero, en los tiempos antiguos, teníamos la tradición oral. Nuestros antepasados contaban historias y sus hijos se las contaban a sus hijos. La civilización transfería su conocimiento y sus valores a través de la comunicación oral.

Luego avanzamos. Desarrollamos la escritura y pasamos a la tradición escrita. Las personas escribían sus ideas, y aunque era un proceso complicado, se desarrollaron técnicas artesanales para duplicar los escritos.

Entonces llegamos a una nueva era con el surgimiento de la imprenta (véase la sección que habla de Gutenberg en la Parte 3: La ciencia). Desarrollamos los tipos móviles y jugamos con el plomo, el antimonio y el estaño para formar las primeras fuentes. Ahora podíamos imprimir más libros a fin de comunicarles a más personas nuestras ideas. ¡La «piratería» no comenzó con tu prima que copia películas, sino con la imprenta!

Y así llegamos a la tradición visual. A mediados del siglo diecinueve se empezó a desarrollar todo lo visual, observándose los destellos iniciales de todo lo que tiene que ver con la publicidad, pues algunos empiezan a percatarse de que lo que se vende entra primero por los ojos. Esta forma de comunicación resulta más estimulante y privada, dando lugar a la participación de la perversión natural del corazón del hombre.

Ahora, en el futuro cercano, se divisa en el horizonte la transmisión visual directa. Esto no es más que el implante directo de información sin pasar por los filtros naturales. La información, la narrativa, nuestras historias, llegarán primero a nuestro nervio óptico. Más adelante, en el futuro lejano, se sabe que la información se transmitirá directo a los campos cerebrales que sean necesarios. En algunos casos, se cree que se podrán implantar «memorias» que les permitan a las personas recordar sucesos que en la realidad no ocurrieron, pero que estarán presentes como hechos reales. Se han realizado películas de ciencia ficción sobre este tema y los científicos dicen que no están alejadas de la realidad.

La biología y la tecnología están comenzando a relacionarse y pronto estarán unidas por completo. Esto nos está forzando a pensar profundamente en cosas antes inimaginables. ¿Cambia un ser humano porque posee implantes tecnológicos que le permiten lograr cosas que antes le resultaban imposibles o percibir estímulos de formas hoy inconcebibles?

Las nuevas generaciones de científicos están luchando con una pregunta filosófica: «¿Qué significará ser un ser humano?», ya que es una realidad que en el futuro cercano la memoria de una persona se podrá descargar a una computadora y podrá interactuar con los procesadores.

La teología y la filosofía cristianas actuales no tienen respuestas para las preguntas complicadas que se avecinan, y creo que esto ocurre por dos razones: (1) la iglesia no ha estimulado que los jóvenes estudien las ciencias y por lo tanto no hay suficientes mentes brillantes cristianas en estos campos, y (2) en las esferas de la teología y la filosofía cristianas estas preguntas sencillamente no se están haciendo, ya que no estamos enfrentando la realidad y el futuro, sino solo nos relegamos a escondernos en el pasado y criticar el presente.

Por ejemplo, puede ser que concuerdes con Freud y creas que el hombre elude la responsabilidad personal por sus actos. «Como el hombre huye del hombre, también huye de Dios». Sin embargo, sin importar cuál sea tu postura en cuanto a Freud y sus pesadillas, se necesitan siquiatras, sicólogos, neurosiquiatras y muchos otros expertos brillantes que vean la psiquis como Dios la ve.

Campos similares como la sicología cognitiva, la sicología experimental, la sicolingüística, la sicología sicométrica cuantitativa, y muchos otros con nombres igual de complicados, esperan la manifestación de los hijos de Dios. Hay ramas importantes de las ciencias del comportamiento que en el futuro esperan ser descubiertas por los discípulos de aquel que en la playa de Gadara ayudó a un loco abandonado por la ciencia y la sociedad a recuperar su juicio cabal. Aunque hoy ya resulta necesario, en el futuro cercano las ciencias del comportamiento necesitarán el norte moral y la contribución de hombres y mujeres brillantes con una cosmovisión cristiana.

Hace muchos años tuve un maestro de filosofía en Francia que

> LA TEOLOGÍA Y LA FILOSOFÍA CRISTIANAS ACTUALES NO TIENEN RESPUESTAS PARA LAS PREGUNTAS COMPLICADAS QUE SE AVECINAN.

anunciaba la llegada de la época después del modernismo. Él y otros filósofos no sabían cómo se iba a llamar esa época, de modo que sencillamente le decían «la postmodernidad», porque era lo que seguía luego de la modernidad.

Él alegaba que la idea antigua del hombre como observador de la naturaleza había cambiado, y que paulatinamente se estaba llegando a la conclusión de que el hombre era también un objeto de análisis como la naturaleza y los animales. Cuando le pregunté por qué se estaba dando ese cambio, Michael Foucault, este genio francés, me contestó: «El cristianismo designaba al hombre como observador de la naturaleza porque enseñaba que la naturaleza era creación de Dios. Sin embargo, hoy Dios ya no habla porque no existe, por lo tanto, el hombre deja de ser el observador y pasa a ser objeto de estudio».

Con enojo tuve que admitir que su respuesta tenía cierto grado de validez, ya que muchas veces los cristianos callamos en áreas de vasta importancia para la humanidad como las científicas y filosóficas.

El postmodernismo era obvio para muchos filósofos y científicos sociales. Resultaba obvio para muchos artistas. No obstante, para los cristianos llegó literalmente como un ladrón en la noche y nos sorprendió, nos encontró dormidos. Luego, como hacemos ante muchos cambios culturales, reaccionamos ya tarde, en lugar de haber pensado a priori y ser proactivos, proféticos si así lo quieres, contestando las preguntas mucho tiempo antes de que las cosas sucedan.

Los hijos de Dios deberíamos tener la propiedad del futuro; deberíamos saber, o por lo menos imaginar, qué viene y hacia dónde va la humanidad. Para Dios no existe el futuro. Él es luz, y Einstein nos enseña que a la velocidad de la luz el tiempo se dilata hasta que todo se detiene en un «instante presente continuo», por eso Dios «es» y nada más.

Sin embargo, nosotros, sus hijos, confinados a la dimensión del tiempo y el espacio, sí tenemos un futuro. Para nosotros sí hay un «mañana», pues vivimos en un continuo de tiempo. Por todo esto, los cristianos debemos ser mayordomos de la cultura, y eso incluye el futuro. Es muy fácil criticar a aquellos que están pensando en el mañana y que desde hoy y aquí ya están influyendo en el porvenir, pero no tenemos autoridad moral para hacerlo hasta que la iglesia del Señor del tiempo sea la gran patrocinadora de estudiantes cristianos en estos campos.

Muchas veces no queremos abordar el tema del futuro porque por tradición los cristianos somos muy lentos en adoptar nuevas ideas. No obstante, Dios habla a través de los futuristas. Hay profetas de la cultura que no hablan con acento Reina-Valera ni se autoproclaman profetas, pero cumplen el designio de Dios, comunicándole a la humanidad las imperantes calamidades a las que nos exponemos si hacemos o dejamos de hacer como raza ciertas cosas. Dios también los usa para dar un pronóstico de lo que sucederá y los beneficios que la humanidad tendrá. En la mayoría de casos, el elemento ausente es la cosmovisión cristiana obvia. La humanidad se beneficiaría mucho si hubieran más futuristas cristianos que vieran el advenimiento de la cultura desde una perspectiva cristocéntrica.

No podemos esperar a que el mundo cambie, no podemos esperar al futuro. Debemos ser valientes y esforzados, porque Dios quiere que cambiemos el futuro hoy.

Singularidad es el término que los eruditos futuristas (neurocientistas, biólogos-matemáticos, tecnólogos, diseñadores de procesadores, etc.) utilizan para referirse al momento en que las computadoras alcanzarán el mismo poder de procesamiento que el cerebro humano. Tristemente, ese término no se escucha en los debates teológicos ni filosóficos-cristianos, sin embargo, los sociólogos, filósofos y científicos que están hablando de él afirman que redefinirá a la humanidad. De ahí la importancia de que los jóvenes seguidores de Jesús entren con gallardía a estos campos y sin temor analicen y contribuyan con una cosmovisión cristiana a los grandes cambios de la humanidad. De todos modos, Dios va a hablar, porque aun con las cosas tan aparentemente fantásticas que sucederán en el futuro en la historia de la humanidad —la historia que los humanos escriben— Dios está presente y no permanece callado.

Uno de los futuristas más aclamados es autor de un libro titulado *La singularidad está cerca: Cuando los humanos trascienden la biología*. Este hombre es un reconocido y condecorado científico que además de ser un revolucionario de la educación —fundador de la avanzada Universidad Singularidad (Singularity University)— ha tenido una gran influencia en el arte, en especial en la música. Es probable que la música cristiana que escuchas y cantas en tu iglesia no fuera posible hoy en día de no ser por este inventor. De modo interesante, se trata de un científico que fue inspirado por un músico a usar la ciencia para el bien de la humanidad.

En 1982, el futurista Ray Kurzweil conoció a Stevie Wonder. La vida y el talento de Stevie Wonder impactaron a Ray Kurzweil de tal manera, que salió de la reunión con la convicción de que tenía que crear algo que cambiara el mundo de la música. La conversación con Stevie Wonder inspiró a este científico a fundar ese mismo año Kurzweil Music Systems, una compañía dedicada a crear una generación vanguardista de sintetizadores musicales que pudieran replicar con exactitud los sonidos reales de los instrumentos de música.

En 1984, el famoso teclado Kurzweil K250 fue presentado al mundo musical. Ese mismo año, me encontraba haciendo travesuras con algunas bandas musicales y varios productores, de modo que tuve la oportunidad de tocar un Kurzweil K250 y verlo en acción tanto en producciones en vivo como en grabaciones. Fue algo extraordinario que cambió el mundo de la música y la grabación.

Hoy Kurzweil está más preocupado por la «singularidad» que por cómo suena la música en las grabaciones, y es conocido por su pasión y obsesión en cuanto al futuro del ser humano.

Kurzweil, como muchos neurocientistas, afirma que pronto sabremos todo lo que hay que saber acerca del cerebro humano y que eso cambiará a la humanidad para siempre, porque al comprender cómo funciona realmente el cerebro, podremos realizar cosas que hoy se consideran inimaginables.

Si sus cálculos están correctos, Kurzweil predice que alcanzaremos a entender todo acerca del cerebro humano al mismo tiempo que las computadoras (según la Ley de Moore) alcancen la misma capacidad de procesamiento que el cerebro. Suena complicado y atemorizante, pero se trata de una ciencia que ha sido revisada y aceptada, y muchos expertos creen que no está lejos de su realización.

> DESAFORTUNADAMENTE, HAY MUY POCOS CRISTIANOS CONTRIBUYENDO EN ESTOS CAMPOS, PERO AUN ASÍ, DIOS HABLA A TRAVÉS DEL CIENTÍFICO MÁS ATEO Y UTILIZA SUS HALLAZGOS PARA EL BIEN DE TODA LA HUMANIDAD, NO SOLO DE LOS CRISTIANOS.

Dios tiene algo que decir en cuanto a este tema. Él conoce el potencial del cerebro humano y las implicaciones verdaderas para el bien y el mal del hecho de que lleguemos a comprender todo acerca del cerebro humano. Si Dios creó el cerebro humano, ¿no deberíamos sus hijos ser parte de los niveles de estudio más altos con respecto a estos asuntos?

Se dice que existen tres grandes desafíos científicos: el origen del universo, el origen de la vida y cómo funciona el cerebro.

Desafortunadamente, hay muy pocos cristianos contribuyendo en estos campos, pero aun así, Dios habla a través del científico más ateo y utiliza sus hallazgos para el bien de toda la humanidad, no solo de los cristianos.

Es una realidad que tendremos maestría sobre la inteligencia humana. Básicamente, tendremos el «software» y el «hardware» para recrear la inteligencia humana en una máquina. Yo sé que suena a una película de Hollywood, pero esto es ciencia, no el polvito de Campanita en acción, y los hijos de Dios hemos sido llamados desde la creación a ser parte integral del desarrollo del mundo y la humanidad. Se nos encomendó tener dominio sobre la tierra y servir a nuestro prójimo. El futuro nos pertenece, así que debemos prepararnos intelectual y académicamente a fin de influir en la forma que el mañana está siendo concebido y construido.

La cuestión de la inteligencia no-biológica se acerca con rapidez, y la humanidad experimentará un cambio profundo. Se requerirá de filósofos, sicólogos, sociólogos, antropólogos y teólogos que interpreten desde una cosmovisión cristiana esos cambios y permitan que la voz de Dios se escuche en medio del barullo tecnológico-social.

Por su conversación con Stevie Wonder, que es invidente, Ray Kurzweil también fue inspirado a crear una de las primeras computadoras capaces de «leer», y así trajo beneficios para las personas que no pueden ver en todo el mundo. En la actualidad, ¿qué hijos de Dios son artistas como Stevie Wonder que inspiran a la ciencia? ¿O qué hijos de Dios se están desempeñando como científicos futuristas al igual que Ray Kurzweil a fin de traer cambios positivos a la humanidad? Espero que tú seas uno de ellos.

Dios usa a futuristas como Kurzweil todos los días, ya sea para crear un instrumento musical que al final servirá para que su pueblo lo alabe, para desarrollar una tecnología que ayude a la gente con necesidades especiales, o tan solo para imaginar y soñar, inspirando a la raza humana a pensar más allá del planeta Tierra.

El espacio le pertenece a Dios, ¿no? Entonces, ¿por qué hay tan pocos hijos de Dios involucrados en las ciencias espaciales, como la astronomía, la cosmología, la astrobiología, la ingeniería aeroespacial, la astrogeología, el medio ambiente microgravitacional, la física de plasma y tantas otras ciencias emergentes?

Investigar la naturaleza, ya sea el mundo subatómico o los agujeros negros, no solo es algo válido para los hijos de Dios, sino que se trata de una obligación, ya que Dios originalmente nos dio dominio sobre la naturaleza.

La radiación cósmica, la gravedad, la materia oscura, los neutrinos, los agujeros negros, las estrellas neutrónicas y la vida extraterrestre, todo esto resulta importante en el Reino, porque es el Reino de Dios. Sé que parece más probable que la afirmación que los cristianos comprometidos deben estar participando activamente en el proyecto SETI (Búsqueda de Inteligencia Extraterrestre, por sus siglas en inglés) aparezca en un programa sensacionalista del Discovery Channel que en un libro cristiano. Sin embargo, ¿acaso descubrir vida en otros planetas o probar con absoluta certeza que no hay seres vivos en otras partes del universo no es algo de suma importancia para nuestra fe?

El mundo sociológico, antropológico y científico ya está mirando hacia el futuro en el espacio. En la actualidad existen científicos que están buscando organismos en la Tierra que de alguna manera puedan sobrevivir en Marte. Poseyendo Marte un medio ambiente tan aciago y adverso para la vida como la conocemos, estos científicos están investigando algunas bacterias que aquí en la Tierra viven en lugares como los desiertos más áridos y las profundidades más frías o calientes del océano.

Los biólogos desean saber si tales bacterias tal vez pueden comenzar a «poblar» de vida a Marte. Y aunque es un planeta frío, los científicos afirman: «Hemos cambiado al planeta Tierra, lo hemos calentado, así que tal vez podamos cambiar a Marte, calentándolo para a la larga vivir en él».

Para muchos suena descabellado que se esté hablando de bacterias que puedan poblar Marte, pero lo mismo se pensaba de volar, o de llegar a la Luna. Muchas personas, incluyendo a muchos cristianos, se burlaban ante la idea de que el hombre pudiera volar o valiera la pena organizar una misión a la Luna. Sin embargo, esas dos hazañas han beneficiado a la humanidad de formas extraordinarias.

Como dije antes en este libro, la tecnología que hoy gozamos existe en parte por lo que se inventó para hacer llegar al hombre a la Luna. En 1903, Orville Wright hizo historia al dirigir el primer vuelo de la humanidad, volando apenas un poco más de treinta metros. Sesenta y seis años después, tres hombres volaron más de medio millón de kilómetros para llegar a la Luna y regresar a la Tierra.

Muchos de los primeros astronautas e ingenieros del programa espacial que llevó al hombre a la luna eran cristianos.

Neil Armstrong y Buzz Aldrin fueron los primeros seres humanos que pusieron un pie en la luna. Ellos eran parte del programa Apollo 11. Un tercer miembro de la tripulación, Michael Collins, se quedó en el módulo de mando orbitando la Luna mientras sus dos compañeros de exploración descendían a la superficie en el «Águila», nombre dado al módulo lunar. Armstrong y Aldrin caminaban sobre la Luna, entretanto Collins daba vueltas en órbita.

En 1972, mi papá hizo arreglos para que el astronauta Michael Collins visitara Guatemala a fin de compartir su experiencia. Siendo él un cristiano comprometido, hablaba del Cosmos y la exploración espacial como algo maravilloso que Dios le había regalado al mundo.

Collins se refirió al sentimiento tan profundo que tenía de haber recibido un «llamado santo» para ser astronauta. Yo era apenas un niño, pero me acuerdo muy bien de cómo él decía que ser astronauta significaba formar parte de algo grandioso, un regalo de Dios. Afirmaba que Dios estaba muy involucrado en los asuntos de la humanidad, ya que todo lo que se estaba descubriendo eran cosas prodigiosas que traerían un gran beneficio a la humanidad.

Recuerdo que llevaba el casco espacial que utilizó en la misión de Apollo 11. Maravillada, toda la audiencia escuchaba al astronauta. Levantando el casco, Michael contaba que en el espacio las condiciones eran hostiles debido a las temperaturas tan extremas, la presión y el vacío, pero que Dios le había dado el intelecto al hombre para desarrollar una tecnología que le permitiera permanecer en el espacio protegido del medio ambiente. Niño al fin, fui el primero en levantar la mano a la hora de las preguntas. Mi pregunta fue la que más le formulan a los astronautas: «¿Y cómo hacen pipí?».

MUCHAS PERSONAS, INCLUYENDO A MUCHOS CRISTIANOS, SE BURLABAN ANTE LA IDEA DE QUE EL HOMBRE PUDIERA VOLAR O VALIERA LA PENA ORGANIZAR UNA MISIÓN A LA LUNA.

Las conferencias de Michael Collins resultaban espectaculares. Mis ojitos de niño curioso no parpadeaban ante lo sorprendente que encontraba todo lo que este astronauta comentaba acerca del espacio y de Dios como Creador del universo, asegurándonos que él, aunque vivíamos en un diminuto planeta, nos conocía y amaba. Lo que más me impresionó y nunca olvidaré fue cuando sacó un estuche pequeño y lo abrió.

«Este es un pequeño estuche que contiene todo lo que se necesita para celebrar una Santa Cena. Es portátil e idéntico al que llevábamos en la nave espacial. Mi compañero, Buzz Aldrin, solicitó el permiso de la NASA para llevarlo como un artículo personal en el viaje a la Luna».

Toda la audiencia estaba atónita. ¡El casco, el astronauta que había ido a la Luna, y ahora una Santa Cena espacial!

«La iglesia a la que asiste Buzz», continuó Michael, «le regaló el estuche para que celebrara la Santa Cena en la luna». Yo no podía cerrar la boca debido al sentimiento de admiración. *Una iglesia en el espacio*, pensé con mi estructura mental de niño fantasioso, y volteándome a mi papá le dije: «Yo quiero ser pastor de una iglesia en el espacio a donde vayan los Jetsons». Mi papá sonrió y me hizo señas para que hiciera silencio, porque el astronauta estaba dando una conferencia.

Mi mente voló de ahí hacia las galaxias que necesitarían misioneros espaciales... ¡y creo que nunca regresó! No me acuerdo más de la historia, pues ya no pude ponerle atención al astronauta, solo sé que en el Centro Espacial Kennedy, desde donde se lanzan las misiones al espacio, y en los archivos de la NASA, hay una crónica detallada de lo que ocurrió con el estuche de la Santa Cena.

El sitio *godandscience.org* describe parte de la historia de esta manera: «Aldrin había traído con él un estuche diminuto con los elementos de la Santa Cena que le había dado su iglesia, el cual contenía una copa de plata y un frasquito de vino casi del tamaño de la punta de su dedo. Durante la mañana, él transmitió por radio: "Houston, aquí Águila. Este es el piloto de ML (Misión Lunar) hablando. Me gustaría pedir algunos momentos de silencio. Me gustaría invitar a cada persona que está escuchando, quienquiera que sea o dondequiera que pueda estar, a contemplar por un momento los acontecimientos de las últimas pocas horas y dar gracias según su propia manera individual».

«Cuando la transmisión terminó», escribiría Aldrin más tarde, «abrí los pequeños paquetes plásticos que contenían el pan y el vino. Eché el vino en la copita que nuestra iglesia me había dado. En la gravedad de la Luna (un sexto de la gravedad terrestre), el vino serpenteó con lentitud y graciosamente salió por un lado de la copa. Entonces leí las Escrituras: "Yo soy la vid y ustedes son las ramas. El que permanece en mí, como yo en él, dará mucho fruto" [...] El cuerpo de metal del Águila chirrió. Comí la diminuta hostia y tomé el vino. Di gracias por la inteligencia y el espíritu que había traído a dos jóvenes pilotos al Mar de la Tranquilidad. Era interesante para mí pensar: El primer líquido alguna vez vertido en la luna, y el primer alimento comido allí, fueron los elementos de la Santa Cena».²

¡Te imaginas, dos jóvenes astronautas cristianos comprometidos a recordar la vida, la muerte y la resurrección de su Maestro... en la Luna! Dos científicos de primer nivel, exploradores valientes, escogidos entre miles de los más brillantes ingenieros, matemáticos, aviadores y científicos, dedicaron unos segundos a fin de honrar al Dios del Cosmos y al que les había dado el intelecto para viajar por el espacio, aterrizar y caminar en la Luna.

El nombre del lugar geográfico donde el módulo lunar aterrizó se llama «Mar de la Tranquilidad». Solo puedo imaginar que al celebrar la Santa Cena en ese lugar, el nombre cobró un significado literal. En medio de la expansión del espacio —a 384,392 kilómetros del planeta Tierra— Jesús se reunió con la humanidad, porque donde dos o tres están reunidos en su nombre, aunque sean astronautas en la luna, ahí está él con ellos.

Resulta maravilloso ver celebrar la Santa Cena desde una perspectiva «científica». Y se debe ver también desde una perspectiva artística. Algunas congregaciones ya lo están experimentando, pero en el futuro, debido a la influencia de los artistas cristianos, la Santa Cena se celebrará de un modo diferente.

La Santa Cena puede ser como una fiesta en una galería de arte. No solo puede haber música, sino es posible leer un poema y sentir el sabor del pan y el aroma del vino. A eso se agrega la maravillosa experiencia de ser parte del «cuerpo» de Cristo con el resto de nuestros amigos. Juntos, se puede experimentar en ese momento con todos los sentidos a fin de recordar en el **presente** el sacrificio que Jesús hizo en el **pasado** y anunciar su pronta venida en el **futuro**.

Y no solo hablamos de una expresión artística que involucra todos los sentidos, sino de la celebración de una gran verdad científica en cuanto al tiempo y el espacio, porque hoy, en el presente, recordamos a Jesús en el pasado y lo anunciamos con relación al futuro.

Debido a esta forma tan bella en que el arte y la ciencia se han relacionado con el cristianismo es que nuestra fe tuvo un papel de suma importancia en el desarrollo del arte y la ciencia. Las mejores épocas del arte tuvieron lugar bajo la influencia del cristianismo. La iglesia actuó de forma decisiva con respecto al tema. Hoy, al borde de un futuro maravilloso de grandes cambios y establecimientos profundos de nuevos paradigmas, debemos volver a llevar a cabo acciones decisivas.

La influencia más grande en el arte debe ser la del cristianismo. Sin embargo, no estamos hablando de un fanatismo religioso ni de mantener aquellas costumbres que tenemos en «casa», en nuestra iglesia, sino del cristianismo que se evidencia en el Sermón del Monte y a través de la Biblia. Los valores cristianos y el sentir bíblico deben ser lo que inspire al arte en el futuro cercano.

El futuro no necesita de un «arte cristiano». Me sumo a varios que en cuanto a este tema consideran que no debería haber tal cosa. El arte cristiano muchas veces llega a ser solo comunicación religiosa y no pasa de ahí. Por supuesto, el que lo hizo se cree artista, y como es alguien cristiano y le gusta a los creyentes, su trabajo se considera «arte cristiano».

Lo que el futuro necesita es cristianos en el arte. Artistas del más alto nivel que permitan que las verdades de Jesucristo se derramen desde su corazón por medio de la expresión de los sentidos. Se necesitan artistas cristianos para alumbrar el camino del mundo, no solo el de la iglesia.

Ferran Adriá ha sido considerado el chef más grande que el mundo ha conocido. Claro está, otros chefs, especialmente franceses, no están de acuerdo, sin embargo, el hecho de que es el chef más creativo que ha pisado una cocina resulta indiscutible hasta para el más tradicional y amargado de los chefs de la cocina mundial establecida.

Este catalán tiene una humildad muy difícil de encontrar en celebridades y gente famosa hoy en día. Cocina los platos más sofisticados del mundo, pero todos los que lo conocen o lo han entrevistado se sienten impactados por su sencillez y gentileza. Esto resulta sorprendente considerando quién es, en particular después que la revista *Gourmet* se refiriera a él como «el Salvador Dalí de la cocina».

> LOS VALORES CRISTIANOS Y EL SENTIR BÍBLICO DEBEN SER LO QUE INSPIRE AL ARTE EN EL FUTURO CERCANO.

Adriá practica lo que se llama «Gastronomía Molecular», o como él mismo le ha denominado a su arte: «Cocina Deconstructivista». Básicamente, se trata de usar técnicas y combinaciones de ingredientes para la creación de sabores a veces inesperados e inimaginables. Implica transformar un ingrediente a nivel molecular para que se adhiera a otros ingredientes creando una explosión de sabor en la boca.

La genialidad de Adriá es tal, que Harvard abrió un curso de Gastronomía Molecular y le solicitó que fuera el titular de la cátedra.

El físico Nicholas Kurti, catedrático de Oxford, viendo lo que Ferran Adriá y otros estaban haciendo al manipular los elementos más básicos de los alimentos, fue quien bautizó a esta nueva ciencia con el nombre de «Gastronomía Molecular», y se dice que en una presentación comentó: «Creo que es un triste reflejo de nuestra civilización que mientras podemos hacer mediciones de las temperaturas en la atmósfera de Venus, no sabemos qué está sucediendo dentro de nuestro soufflés».[3]

La revista *Restaurant* nombró en el año 2006 a El Bulli, el restaurante de Adriá, el «Mejor Restaurante del Mundo». El FC Barcelona y el Real Madrid han llevado el nombre del establecimiento en sus camisetas. Corporaciones de prestigio mundial como BMW, Rolex y Pepsi han buscado asociar sus marcas con Adriá y El Bulli.

Con su experimentación molecular en los alimentos, definitivamente Ferran Adriá ha marcado un hito en la tradición culinaria de la humanidad. Esta historia terminaría ahí, sencillamente como un dato interesante del mundo de la cocina, si no fuera por el hecho de que lo que Adriá hace se considera ciencia molecular, no solo gastronomía. Y eso, cambió la historia.

Cuando Dios puso a Adán y Eva en el jardín del Edén, les facilitó todo lo que necesitaban para ser prósperos: les dio la habilidad de la creatividad para crear, fuerza para trabajar e intelecto para administrar. Ellos llevaron a cabo estas tareas a un nivel de medición de la materia en el que sus ojos podían ver y sus manos eran capaces de agarrar. Y así ha sido por milenios. Aunque hemos desarrollado una cocina sofisticada y aprendido a modificar los alimentos de formas impresionantes, en general todo ha sido al nivel de lo que podemos «ver» y «asir».

Todo lo que tenemos a nuestro alcance para cocinar y alimentarnos está hecho de átomos enlazados en moléculas. Dios dejó las leyes establecidas que indican qué resultado se obtiene cuando de alguna forma se afectan las moléculas, y en la cocina esto ofrece todo un nuevo mundo lleno de posibilidades.

Ferran Adriá es un científico, un artista, un chef. En él, y el resto de los que practican la gastronomía molecular, el pensamiento creativo de Dios y la materia integrada por átomos se fusionan con belleza y exactitud. Dios crea los átomos, los átomos forman moléculas que conforman la materia. Dios crea al hombre con papilas gustativas, unas estructuras diseñadas para detectar los cinco elementos conocidos como los sabores: dulce, salado, amargo, ácido y umami. Dios le da la creatividad al hombre para manipular las moléculas de muchas formas a fin de que los sabores sean nuevos al paladar y la experiencia de «comer» incluya más que solo alimentarse. Como lo explica Adriá: «Yo vendo emociones, que los demás vendan comida».

Cuando Adriá decidió cerrar su afamado restaurante para tomar un tiempo de descanso, el *Wall Street Journal* le hizo la pregunta: «¿Podrás continuar teniendo el mismo impacto en el mundo culinario que has tenido hasta ahora aunque cierres El Bulli?». Adriá elegantemente contestó: «No hacemos las cosas para impresionar ni solo para impactar. Nuestra meta es hacer avanzar el mundo de la cocina y compartir lo que hacemos con chefs jóvenes de modo que la comida que hagan sea mejor que la que nosotros hacemos hoy. Para lograr eso, no necesitas que la gente ingiera tu comida. Lo puedes lograr a través de conferencias, libros y otros medios».

Me llama mucho la atención que Adriá desee un avance en cuanto a lo que la humanidad hace en la cocina y que nuevos chefs jóvenes sean mejores que él. Su contribución al mundo incluye más que solo comida interesante. Él ha inventado y abierto nuevos caminos, ha hecho cosas nuevas. Sin embargo, no se queda ahí, su influencia trasciende al arte, la ciencia y todo el mundo de las ideas.

Existen muchas áreas donde el arte y la ciencia se fusionan, pues no son categorías aisladas del intelecto humano. El arte y la ciencia nacen en el corazón de Dios para la humanidad, y aunque todo artista y científico no sean cristianos, cuando ellos obedecen a su diseño divino, grandes cosas suceden y Dios es glorificado, porque su propósito se cumplió.

Las nuevas categorías del arte en el mundo ni siquiera son conocidas por la mayoría de los cristianos, cuando precisamente somos nosotros, los hijos de Dios, los que hemos sido llamados no solo a integrar las categorías emergentes del arte, sino a establecerlas.

Híbridos como la Gastronomía Molecular y otras intersecciones emergentes del arte y la ciencia estarán protagonizados por los hijos de Dios cuando como iglesia soltemos y desatemos en el mundo a esta generación de jóvenes genios brillantes que como fieras solo están esperando que las jaulas sean abiertas.

El arte cambia con la sociedad y expresa ese cambio en su cosmovisión acerca del significado de la vida y otros temas. Y en este aspecto, el arte seguirá siendo en el futuro uno de los ámbitos más poderosos donde los más profundos desplazamientos de ideas se llevarán a cabo. Creo que el artista cristiano deberá confrontar en el futuro a las audiencias con una disonancia santa a fin de incitarlas a considerar ser parte de la historia a la que Dios está invitando a la humanidad.

En nuestro corazón como hijos de Dios y en el corazón de toda persona (aunque no sea cristiana) está el deseo no solo de gozar de la belleza por medio de los sentidos, sino también de ser bellos nosotros mismos. C. S. Lewis lo dice de esta manera: «Queremos algo más que no podemos expresar con palabras, como estar unidos con la belleza que vemos, adentrarnos en ella, revestirnos de ella, ser parte de ella».[4]

Y el Nuevo Testamento nos promete que así será: «Ningún ojo ha visto, ningún oído ha escuchado, ninguna mente humana ha concebido lo que Dios ha preparado para quienes lo aman» (1 Corintios 2:9).

Eugenio Maria Giuseppe Giovanni Pacelli, nombre de pila del Papa Pío XII, en un discurso a los artistas en 1952, les dijo que mientras más cerca estuvieran de Dios, mejores artistas serían.

El artista cristiano en el futuro tendrá que «estar más cerca de Dios» que cualquier otro artista en el pasado, no solo a fin de obtener la inspiración para plasmar el amor divino y los temas del corazón de Dios, sino para vivir en una santidad necesaria en un medio (el arte) corrompido por la vileza más aguda del corazón humano.

Los artistas cristianos del futuro, nuestros hijos e hijas, dispondrán de plataformas de expresión artística que hoy no existen. Los futuros artistas cristianos expondrán en medios que aún no han sido descubiertos, con técnicas y estilos que todavía no han sido inventados. Ellos, como Elvis un día influyó en lo que hoy es la música cristiana, influenciarán a las siguientes generaciones. Dios se hará escuchar sutilmente unas veces y otras a fuerte voz, pero hablará a través de ellos hasta que nuestro Señor Jesús regrese por su novia.

En el futuro, Dios seguirá hablando, no callará. Y el arte y la ciencia continuarán siendo amigos de la fe.

Notas

Parte 2: La historia
1. Herbert Butterfield, *Christianity and History*, Bell & Sons Ltd, 1950, p. 100.
2. Demetrios Constantelos, *Byzantine Philantropy and Social Welfare*, segunda edición, Caratzas, New Rochelle, Nueva York, 1991.
3. Antonio L. Turnes, «Historia y Evolución de los Hospitales en las Diferentes Culturas», Sindicato Médico de Uruguay, 14 de septiembre de 2009, http://www.smu.org.uy/dpmc/hmed/historia/articulos/origen-y-evolucion.pdf.
4. Francis A. Schaeffer, *¿Y cómo pues viviremos?*, Crossway Books.
5. Salmo 78:2-7, en la versión Palabra de Dios para Todos (PDT).

Parte 3: La ciencia
1. Jean Gimpel, *The Medieval Machine: The Industrial Revolution of the Middle Ages*, Holt, Rinehart and Winston, Nueva York, 1976.
2. Albert Kapr, *Johann Gutenberg: The Man and His Invention*, Scolar Press, tercera edición, abril de 1996.
3. Elizabeth L. Eisenstein, *Printing Press as an Agent of Change*, Cambridge University Press, Cambridge, Inglaterra, 1979.
4. Jeff Jarvis, *Gutenberg the Geek: History's First Technology Entrepreneur and Silicon Valley's Patron Saint*.
5. Manachem Fisch, *William Whewell, Philosopher of Science*, Clarendon Press, Oxford, 1991.
6. James Kennedy, *¿Y qué si Jesús no hubiera nacido?*, Caribe/Betania, 1997.

Parte 4: El arte
1. Patrick Kavanaugh, *The Spiritual Lives of the Great Composers*, Zondervan, 1996.
2. Helen de Borchgrave, *A Journey into Christian Art*, Lion, Oxford, 1999, p. 6.
3. Barbara Owen, *E. Power Biggs, Concert Organist*, Indiana University Press, 1987.
4. Papa Juan Pablo II, «Carta a los artistas», 1999, http://www.vatican.va/holy_father/john_paul_ii/letters/documents/hf_jp-ii_let_23041999_artists_sp.html.
5. C. S. Lewis, *Lo eterno sin disimulo*, 1970. Ediciones Rialp, España, 1999.

Parte 5: El futuro
1. John Markoff, «Scientists Worry Machines May Outsmart Man», *New York Times*, 25 de julio de 2009.
2. Bill Carrell, «Communion on the Moon—Buzz Aldrin», 2005, http://www.godandscience.org.
3. «History of Molecular Gastronomy», khymos.org, 13 de mayo de 2008.
4. C. S. Lewis, *The Weight of Glory*, Macmillan Books, Nueva York, 1980.

Bibliografía
• Roger Moreau, *Marin Mersenne et la naissance de l'esprit scientifique*, Éditions Anagrammes, Perros Guirec, 2012.
• Nancy K. Frankenberry, *The Faith of Scientists: In Their Own Words*, Princeton University Press, 2008.
• Max Caspar, *Kepler*, Dover Publications, 1993.
• Don Lincoln, *The Quantum Frontier: The Large Hadron Collider*, The Johns Hopkins University Press, 2009.
• Christoph Riedweg, *Pythagoras: His Life, Teaching, and Influence*, Cornell University Press, segunda edición, 2008.
• Fernand Braudel, *A History of Civilizations*, Penguin Books, 1995.
• Will Durant, *The story of civilization*, Will Durant, Simon and Schuster, 1942 (6 tomos).
• Vishal Mangalwadi, *El libro que le dio forma al mundo*, Thomas Nelson, 2011.
• Francis Schaeffer, *How Should We Then Live?*, Crossway, 1978.
• Gene Edward Veith, *State of the Arts: From Bezalel to Mapplethorpe*, Crossway, 1991.
• Malcolm Muggeridge, *Something Beautiful for God*, HarperOne, 1986.
• *Encyclopædia Britannica*, 2010.
• K. C. Wu, *The Chinese Heritage*, Crown Publishers, 1982.
• Bernard Samuel Myers, *Art and civilization*, McGraw-Hill, 1967.
• Edward Lucie-Smith, *Art and Civilization*, Harry N. Abrams, 1993.
• Richard Hamblyn, *The Art of Science*, Picador, 2011.
• Richard Dawkings, *The Oxford Book of Modern Science Writing*, Oxford University Press, 2009.
• D. James Kennedy, *What if Jesus had never been born?*, Thomas Nelson, 1994.
• Daniel A. Siedell, *God in the Gallery: A Christian Embrace of Modern Art (Cultural Exegesis)*, Baker Academic, 2008.
• William A. Dyrness, *Visual Faith: Art, Theology, and Worship in Dialogue (Engaging Culture)*, Baker Academic, 2011.
• Francis A. Schaeffer, *Art and the Bible*, IVP Books, segunda edición, 2006.

- Paul Copan y Paul Moser, *The Rationality of Theism*, Routledge, 2003.
- Robert Garcia y Nathan King, eds. *Is Goodness without God Good Enough?*, Rowman & Littlefield, 2008.
- Paul Copan, *Is God a Moral Monster?*, Baker, 2010.
- William Lane Craig y Chad Meister, eds. *God Is Great, God Is Good*, Inter-Varsity, 2009.
- Michel Foucault, *Religion and culture: Michel Foucault*, editado por Jeremy R. Carrette, 1999.
- Daniel M. Harrell, *Nature's Witness*, Abingdon Press, 2008.
- Karl W. Giberson y Francis S. Collins, *The Language of Science and Faith*, InterVarsity Press, 2011.
- John Polkinghorne, *The Faith of a Physicist*, Augsburg Fortress Publishers, 1996.
- Michel Foucault, *Naissance de la clinique: Une archéologie du regard médical*, Presses Universitaires de France, 1963.
- A. J. Festugière, *La révélation d'Hermés Trismégiste. Le Dieu cosmique*, Les Belles Letters, 1981.

si trabajas con jóvenes nuestro deseo es ayudarte

UN MONTÓN DE RECURSOS PARA TU MINISTERIO JUVENIL

Visítanos en
www.especialidadesjuveniles.com

 /EspecialidadesJuveniles    @ejnoticias

Ninguna religión

Fernando Altare

La batalla de las drogas

LUCAS LEYS   **GABI MORALES**

LA BATALLA DE LAS DROGAS

¿QUÉ HACER? ¿CÓMO AYUDAR?

Editorial Vida

Lucas Leys | Gabi Morales

Lo que todo pastor debe saber de su Líder de Jóvenes

Lucas Leys

Vidas conectadas

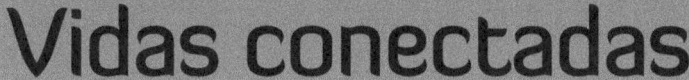

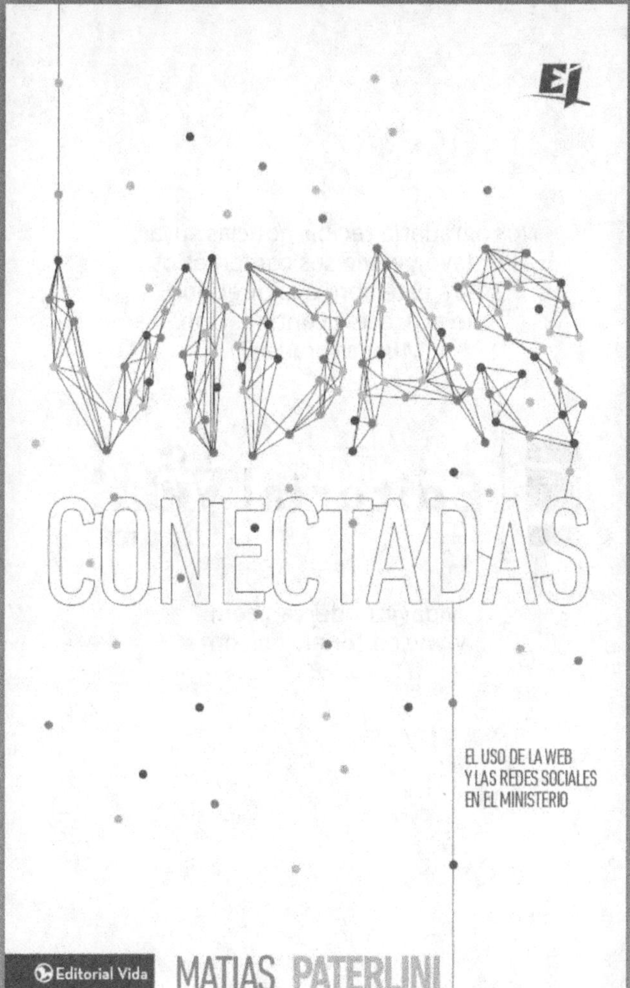

VIDAS
CONECTADAS
EL USO DE LA WEB
Y LAS REDES SOCIALES
EN EL MINISTERIO
Editorial Vida
MATIAS_PATERLINI

Matías Paterlini

Nos agradaría recibir noticias suyas.
Por favor, envíe sus comentarios
sobre este libro a la dirección
que aparece a continuación.
Muchas gracias.

vida@zondervan.com
www.editorialvida.com

www.ingramcontent.com/pod-product-compliance
Lightning Source LLC
LaVergne TN
LVHW031629070426
835507LV00024B/3397